Introducción

La lucha del pueblo oprimido de Sudáfrica contra el sistema racista del apartheid está suscitando un amplio movimiento de solidaridad por todo el mundo.

En Estados Unidos, la consigna central de este movimiento es: ¡Que Washington rompa todas sus relaciones con el régimen del apartheid!

Toda persona que participe en el movimiento por una Sudáfrica libre, que quiera ayudar a movilizar las fuerzas más poderosas y amplias en contra del apartheid, necesita entender claramente la dinámica de la lucha que está desarrollándose en Sudáfrica.

¿Qué es el apartheid? ¿Cuál es el papel de los obreros y campesinos en la revolución que se avecina en Sudáfrica? ¿Cuáles son los objetivos de esta revolución? ¿Qué es el Congreso Nacional Africano (ANC) y qué papel ocupa en la dirección de la lucha libertaria? ¿Cómo se enmarca la revolución sudafricana en el contexto internacional?

El artículo "Sudáfrica: La revolución en camino", por Jack Barnes, secretario nacional del Partido Socialista de los Trabajadores (PST) de Estados Unidos, ayuda a contestar estas preguntas.

En su convención nacional en agosto de 1985, el PST decidió dar gran prioridad a la participación en el movimiento contra el apartheid. Para preparar mejor al partido para este esfuerzo, el Comité Nacional del PST se reunió inmediatamente después de la convención para discutir la revolución sudafricana. El artículo de Barnes es el informe que fue adoptado por el Comité Nacional en esta reunión.

La Carta de la Libertad, que también aparece en este folleto, es un documento a la vez histórico y vigente, que expresa vivamente las aspiraciones del pueblo sudafricano. La Carta fue aprobada unánimemente por el Congreso del Pueblo, celebrado en Kliptown, cerca de Johannesburgo, el 25 y 26 de junio de 1955.

El Congreso del Pueblo fue convocado por el ANC, junto con el Congreso Indio Sudafricano, la Organización Sudafricana del Pueblo de Color, el Congreso de Demócratas (organización de blancos que apoyaban la lucha antiapartheid) y el Congreso Sudafricano de Sindicatos (SACTU). Al encuentro asistieron casi 3 mil delegados de toda Sudáfrica.

La Carta, que las organizaciones patrocinadoras adoptaron como programa, se ha convertido en el manifiesto de la lucha sudafricana por la libertad.

Al año siguiente, en 1956, el régimen minoritario blanco arrestó a 156 dirigentes de estas organizaciones, acusándolos de sedición. Después de un juicio que duró más de cuatro años, todos los acusados fueron declarados inocentes.

En 1960, tras la masacre de decenas de manifestantes negros en Sharpeville, el régimen proscribió al Congreso Nacional Africano. Nelson Mandela, principal dirigente del ANC en esa época, fue encarcelado en 1962 y condenado a cadena perpetua en 1964.

Habiendo pasado ya dos décadas y media en las mazmorras del apartheid, Mandela hoy sigue indoblegable, símbolo de la lucha tenaz por una sociedad libre, democrática y no racial en Sudáfrica.

La traducción del artículo de Jack Barnes fue tomada de la edición especial del 3 de febrero de 1986 de la revista *Perspectiva Mundial,* publicada en Nueva York.

La versión en español de la Carta de la Libertad, salvo

unos pocos cambios estilísticos, es la traducción proporcionada por el Centro de las Naciones Unidas Contra el Apartheid, con sede en Nueva York.

Martín Koppel
julio de 1986

Sudáfrica:
La revolución en camino

POR JACK BARNES

Estados Unidos es el explotador imperialista más poderoso y el principal gendarme mundial. Es por eso que la política en Estados Unidos se ve afectada directamente por las luchas revolucionarias dondequiera que surjan. La lucha revolucionaria en Sudáfrica —dada su magnitud y los enormes intereses que están en juego para los imperialistas y para el pueblo trabajador de todo el mundo— está teniendo un profundo impacto en este país.

Existen nuevas e importantes responsabilidades y oportunidades para movilizar apoyo en torno a la demanda de que Washington rompa todos sus lazos con el régimen del apartheid. Para responder a estas oportunidades, los revolucionarios en Estados Unidos tenemos que entender claramente el carácter de la revolución que se desarrolla hoy día en Sudáfrica. Para poder contribuir mejor a la movilización de apoyo en este país a favor de esta revolución, tenemos que entender la trayectoria de las distintas clases en esta revolución.

Los militantes del Partido Socialista de los Trabajadores tenemos que librarnos de todo vestigio de obstáculos sectarios y ultraizquierdistas que nos dificulten la continua proyección de nuestro partido hacia afuera en base a una perspectiva obrera. Armados con una comprensión exacta de la revolución actual en Sudáfrica, los militantes del partido que están en los sindicatos industriales podrán colaborar mejor con todos los trabajadores que desean movilizar la fuerza del movimiento sindical en la campaña por una Sudáfrica libre. El objetivo es que los sindicatos se incorporen a esta lucha, que le infundan fuerza, que ayuden a dirigirla y que —en este proceso— el mismo movimiento sindical cambie y se fortalezca.

Este informe abordará cuatro aspectos de la revolución sudafricana.

• En primer lugar, ¿cuál es el carácter histórico de la revolución en Sudáfrica?

Es una revolución destinada a derrocar el estado del apartheid y a destruir el sistema del apartheid.

Es una revolución destinada a abrir las puertas al proceso que forjará —por primera vez— un estado-nación no racial en Sudáfrica.

Esta nueva nación incorporará al pueblo africano de diversos orígenes tribales, a los descendientes de aquellos que vivieron ahí y trabajaron la tierra antes de la llegada de los colonizadores blancos: a la gran mayoría de la población actual de Sudáfrica. Incorporará a aquellos que el sistema del apartheid clasifica como mestizos e indios, quienes, junto con los africanos, constituyen la oprimida población negra. Y también incorporará a aquellos blancos que acepten vivir y trabajar como ciudadanos con igualdad de derechos —ni más, ni menos— en una Sudáfrica democrática.

Es una revolución que busca conquistar el derecho de la mayoría negra a poseer, trabajar y desarrollar la tierra de la que fue expulsada por el régimen del apartheid; conquistar el derecho de los africanos a ser agricultores libres, produciendo cosechas para un creciente mercado doméstico; y llevar a cabo una auténtica reforma agraria que ponga la tierra en manos de los que quieran trabajarla.

Es una revolución para abolir todas las restricciones al derecho de los sudafricanos negros a vivir, trabajar y viajar donde se les antoje; establecer la plena igualdad en el mercado laboral; y garantizar plenamente los derechos sindicales y obreros.

Es una revolución que busca reemplazar el estado de la minoría blanca con una república democrática, basada en el sufragio universal. Tiene como fin —según las palabras del Congreso Nacional Africano— una sola Sudáfrica unitaria, no racial y democrática.

Es una revolución en la que el pueblo trabajador busca reemplazar el dominio minoritario del apartheid con el dominio del pueblo trabajador, de la gran mayoría. El pueblo trabajador entonces ejercerá este nuevo poder revolucionario para asegurarse de que no quede intacto ni un solo ladrillo del sistema del apartheid, y que se cumpla el programa democrático de la revolución.

Desde el punto de vista histórico, la revolución sudafricana actual es una revolución democrático-burguesa para el cumplimiento de estos objetivos. Es una revolución democrática, una revolución nacional. El pueblo trabajador se esfuerza por conducirla hasta la victoria y crear por primera vez un auténtico estado-nación sudafricano.

La revolución actual en Sudáfrica no es una revolución anticapitalista. Abrirá el camino para la transición a una revolución anticapitalista. Pero nadie puede predecir cuán largo —o cuán corto— será ese camino. Esto lo decidirá la correlación de fuerzas de clases —en Sudáfrica y a nivel internacional— que resultará del derrocamiento revolucionario del estado del apartheid.

- En segundo lugar, este informe examinará el papel

de la clase obrera y del campesinado en esta revolución sudafricana.

La clase trabajadora está dando grandes pasos para conducir la revolución nacional y democrática y derrocar el estado del apartheid, y para reemplazarlo con una dictadura democrática de los obreros y campesinos sudafricanos. Esta revolución democrática no puede llevarse a cabo exitosamente bajo la dirección de ningún ala de la clase capitalista o de las fuerzas políticas liberales.

El mismo desarrollo del capitalismo sudafricano le ha impuesto a la clase obrera este papel de dirección. Gracias a las formas especiales de opresión con las que el sistema del apartheid moviliza la fuerza de trabajo, los capitalistas sudafricanos y extranjeros han extraído superganancias de la mano de obra de los trabajadores negros. Pero al mismo tiempo han creado una grande y poderosa clase obrera sudafricana, la vanguardia de las fuerzas que van a sepultar al apartheid.

• En tercer lugar, este informe analizará la organización de la lucha contra el apartheid en Sudáfrica hoy día, particularmente el papel de dirección desempeñado por el Congreso Nacional Africano (ANC).

El ANC ha conquistado —en la lucha— su papel como la organización de vanguardia de la revolución democrática en Sudáfrica. Los revolucionarios en Estados Unidos y por todo el mundo deben obrar partiendo de este hecho al participar en la lucha contra el apartheid.

• En último lugar, el informe inscribirá la revolución sudafricana en su contexto internacional. Analizará el impacto de esta revolución no solo en África austral y en el resto del continente africano, sino en la lucha de clases de los obreros y agricultores contra el imperialismo, tanto en Estados Unidos como a nivel mundial.

Así vincularemos nuestra comprensión de la revolución

sudafricana con las tareas del Partido Socialista de los Trabajadores en la campaña por una Sudáfrica libre. Examinaremos cómo estas tareas encajan en el desarrollo actual de un partido obrero revolucionario en Estados Unidos.

I. LA REVOLUCIÓN EN SUDÁFRICA: UNA REVOLUCIÓN NACIONAL Y DEMOCRÁTICA

El sistema del apartheid es algo más que una opresiva estructura legal con consecuencias sociales y económicas de gran alcance. Al hablar del sistema del apartheid, estamos hablando también de un *estado*.

La futura existencia del apartheid depende completamente de la existencia del estado del apartheid, y viceversa. Toda la estructura del estado está diseñada para movilizar la fuerza y la violencia necesarias para imponer y preservar una forma específica de organizar la explotación de la mano de obra, en base a la opresión especial de la gran mayoría del pueblo trabajador.

El estado en Sudáfrica —el estado capitalista— no es un estado-nación (por lo menos no en el sentido práctico de la palabra). Solo una pequeña minoría de la población de Sudáfrica goza de verdaderos derechos de ciudadanía. Esta minoría —cerca de 5 millones de personas en una población total de unas 33 millones— se define por ley como personas "de la raza blanca".

No existe un *estado-nación* sudafricano; existe un estado de la "raza blanca". Dentro del territorio geográfico controlado por el estado del apartheid, en lo que hoy día es el *país* conocido como Sudáfrica, la abrumadora mayoría del pueblo carece virtualmente de derechos constitucionales. A los negros se les niega efectivamente el derecho a la ciudadanía en el país donde viven y trabajan.

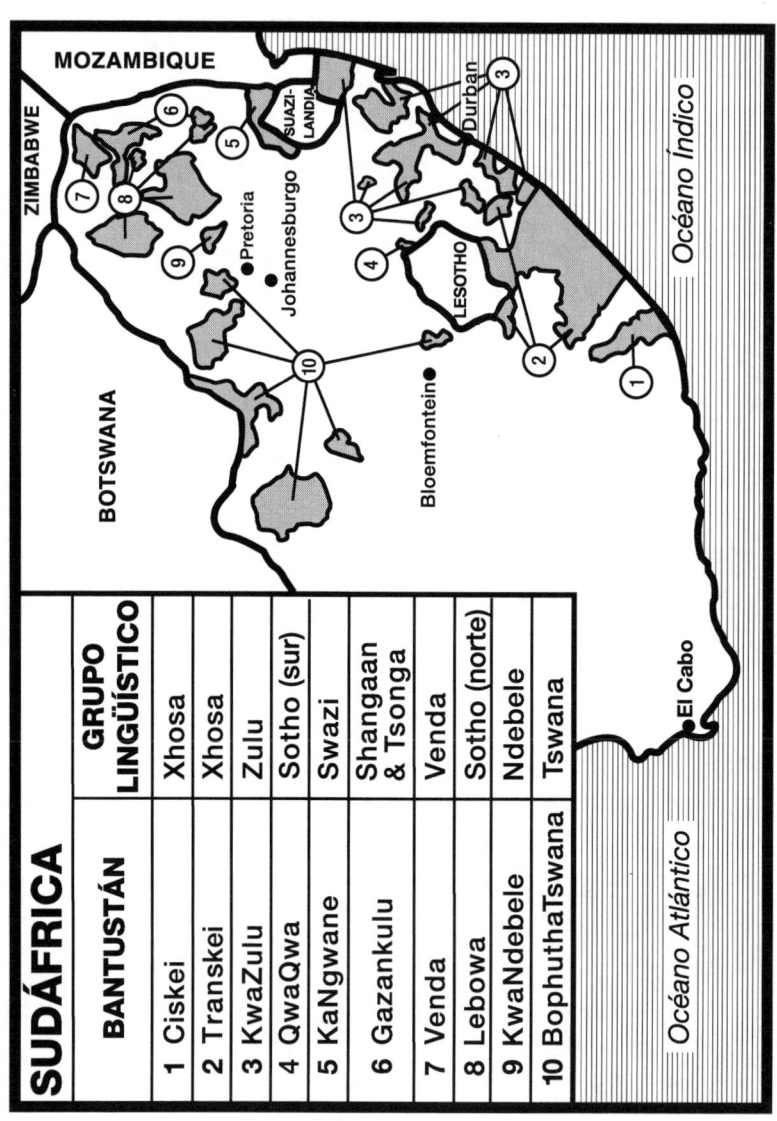

La mayoría negra misma está compuesta de varios pueblos, ninguno de los cuales constituye una nación. En el seno de la población negra hay diferencias considerables entre las diversas posiciones sociales legalmente impuestas, diferencias que los gobernantes del apartheid perpetúan y buscan agrandar mediante las leyes, la política económica y otros mecanismos. La gran mayoría de los negros la constituye la población africana: 24 millones de descendientes directos de los habitantes originales de lo que hoy día es Sudáfrica. Ellos gozan de aún menos derechos que los otros sectores de la población negra; son el blanco principal en la mirilla del apartheid. La población mestiza (*Coloured* —"de color"— según la denominan los gobernantes del apartheid) es de 3 millones de personas. Además hay un millón de indios, muchos de cuyos antepasados fueron llevados a África desde el subcontinente indio, obligados por contrato a trabajar en las plantaciones de caña de azúcar.

Anteriormente, el término *negro* se usaba sobre todo para referirse exclusivamente a los africanos. Sin embargo, a partir de los años setenta, los africanos, los mestizos y los indios —aquellos a quienes el estado del apartheid califica de "no blancos"— se identifican cada vez más como negros. La evolución del sentido de la palabra *negro* refleja el desarrollo de la unidad y la conciencia entre los que luchan contra el estado del apartheid.

El sistema del apartheid tiene un propósito central y supremo: organizar y perpetuar la superexplotación de la mano de obra africana por el capital. Les niega a los africanos el derecho de poseer y trabajar la tierra, y les niega el derecho de competir libremente con los blancos —como iguales— al vender su fuerza de trabajo.

El apartheid ha convertido a la población africana en lo que —a falta de mejor palabra— podríamos llamar un *estamento*, o sea, un sector de la población cuyos derechos legales y sociales están restringidos drásticamente en comparación con otros sectores de la población, condición que es impuesta por la fuerza gobernante. Es una palabra que acostumbramos usar más bien en relación a la sociedad feudal, no a la sociedad capitalista. Sin embargo, sirve para expresar la realidad del apartheid, y subraya el hecho de que el apartheid es un fenómeno cualitativamente distinto a la opresión racial que existe hoy día en Estados Unidos.

Bajo el apartheid, casi todos los africanos han sido expulsados de la tierra y se les niega el derecho a poseer tierra. Carecen del derecho a igual protección bajo las leyes del estado. Nacer africano significa nacer en esta posición social permanente, codificada por ley e impuesta por la fuerza y la violencia organizadas del estado.

Es en este sentido que decimos que los africanos constituyen un estamento bajo el apartheid. Es un estamento similar (aunque no es la misma cosa) al estamento campesino que existió en la Rusia zarista incluso hasta la segunda década del siglo veinte.

Este sostén fundamental del sistema del apartheid forma parte de una estructura más amplia de leyes e instituciones que definen los derechos económicos, sociales y políticos, no solo de los africanos, sino de los que en Sudáfrica son clasificados como indios y mestizos. También los mestizos y los indios ocupan una posición subordinada según el sistema jurídico en la sociedad sudafricana. Todo africano, indio y mestizo en Sudáfrica ocupa una posición social y legal que le niega la igualdad ante toda persona blanca de cualquier clase social.

El sistema del apartheid obstruye la creación de una nación sudafricana, de una nación moderna con clases productoras modernas. El apartheid busca perpetuar e institucionalizar las diferencias tribales por medio del sistema de bantustanes (las reservas denominadas "territorios patrios" por el régimen) y otros medios. El apartheid impide el desarrollo y la diferenciación de clases modernas, o sea, el proceso mediante el cual algunos africanos —como parte de una nación sudafricana— se convertirían en agricultores libres, cultivando y vendiendo sus productos en el mercado, mientras otros podrían vender su fuerza de trabajo en condiciones de igualdad con todos los demás trabajadores.

Aún no existe una nación sudafricana, pero está siendo forjada en el curso de la lucha de liberación contra el apartheid. Esta nación será forjada con los africanos, los mestizos, los indios y aquellos blancos que se queden viviendo y trabajando como iguales en una república sudafricana democrática y no racial.

Un verdadero estado-nación surgirá en Sudáfrica únicamente al ser derrocado el estado del apartheid por la vía revolucionaria y al establecerse un nuevo poder estatal. En ese sentido la revolución sudafricana puede llamarse correctamente una revolución nacional. Es importante tener en cuenta este contenido, ya que en el mundo actual el término *revolución nacional* se emplea casi exclusivamente en relación a una lucha de liberación contra la dominación colonial o neocolonial por parte de otro país. En Sudáfrica, el obstáculo que impide que se forje una nación no es la ocupación por parte de una potencia imperialista extranjera, sino el estado del apartheid mismo. Para llevar a cabo la revolución nacional y democrática en Sudáfrica, hay que derrocar el régimen del apartheid.

El desarrollo del sistema del apartheid

Los orígenes del sistema del apartheid se remontan mucho en la historia, a la creación del estado colonial que atrincheró el dominio de la minoría blanca sobre la mayoría africana. El surgimiento de este estado coincidió con la expansión de las relaciones de propiedad capitalistas, las cuales se habían vuelto dominantes para principios del siglo veinte.

Pero el estado del apartheid contra el que se libra la actual batalla no se estableció sino hasta después de la Segunda Guerra Mundial. Nació bajo la tutela del imperialismo norteamericano, que al final de esa guerra había salido triunfante sobre sus rivales imperialistas. El estado del apartheid se consolidó bajo la protección de lo que los sandinistas correctamente califican como el "enemigo de la humanidad": la clase dominante yanqui. Con el respaldo de Estados Unidos y de sus aliados "imperialistas democráticos" —los vencedores en lo que supuestamente era una guerra para librar al mundo del fascismo—, surgieron en toda su gloria los gobernantes de Sudáfrica, que tanto se asemejan a los nazis. Así se consagró el régimen del *sjambok,* el látigo.

La estructura más desarrollada del apartheid —un sistema universal y global, controlando cada aspecto de la vida económica, social y política— se organizó en la posguerra. Con el triunfo del Partido Nacional en las elecciones de 1948, se estableció el apartheid como política oficial. Era la respuesta de los gobernantes blancos de Sudáfrica ante la industrialización relativamente rápida que ocurrió durante los años treinta y durante la guerra, conllevando el crecimiento de la clase obrera negra y su concentración en las zonas urbanas.

No fue hasta la posguerra que Sudáfrica surgió como la potencia imperialista de segundo rango que representa hoy día. La burguesía sudafricana logró un alto grado de industrialización y monopolización. El capital financiero —la fusión del capital bancario con el industrial— surgió con el papel dirigente. La burguesía sudafricana empezó a invertir grandes cantidades de capital en otros países. El estado del apartheid empezó a ocupar su papel como guardián militar de la dominación imperialista por toda África austral.

El eslabón más débil en la cadena de las potencias imperialistas

Como una potencia imperialista —aunque cualitativamente más débil que las potencias europeas y norteamericanas y Japón— Sudáfrica representa un eslabón en la cadena mundial del imperialismo. Es un baluarte de reacción y de fuerza militar contra los pueblos de todo un subcontinente —desde Namibia y Angola, pasando por Zaire, hasta Zimbabwe y Tanzania; desde el Atlántico hasta el Océano Índico.

Esta cadena mundial de dominación imperialista amenaza con romperse en su eslabón más débil, al igual que en 1917 cuando también se rompió en el eslabón más débil de ese entonces: la Rusia retrógrada, absolutista e imperialista.

Sudáfrica es parte de la fuerza policiaca mundial del sistema imperialista. Como policía menor, defiende sus propios intereses al tiempo que cumple su papel en la división de tareas entre las potencias imperialistas. Y el mundo no debe olvidar jamás que Sudáfrica es una de las potencias nucleares del imperialismo.

Pero el régimen de Pretoria paga un precio por ejercer su poderío imperialista. El precio es la creciente interpenetración de la revolución mundial con la política sudafricana. Todo avance en la lucha por la liberación en Namibia representa a la vez un golpe contra los gobernantes del apartheid. Todo avance en Burkina Faso, en Etiopía, en las islas Seychelles —o en cualquier otra parte de la región del mundo donde el imperialismo sudafricano juega un papel importante— debilita al estado sudafricano.

Ante todo es en Angola donde se ha expresado más

dramáticamente esta realidad política. Durante la última década, el pueblo y las fuerzas armadas de Angola —apoyados por voluntarios internacionalistas cubanos— se han unido para defender la soberanía angolana y asestarle derrotas al ejército imperialista sudafricano. La derrota del ejército invasor del régimen del apartheid a fines de 1975 y comienzos de 1976 resultó ser una coyuntura decisiva para la revolución en África austral. Una de las consecuencias de aquel desastre imprevisto para el estado sudafricano fue el levantamiento juvenil que comenzó en el municipio negro de Soweto y que luego estremeció todo el país en 1976.

Al Presidente P.W. Botha le gusta jactarse en público de que el estado sudafricano puede enfrentarse solo —de ser necesario— al mundo entero. La realidad es al contrario. Es falsa la imagen de invencibilidad autosuficiente —política, militar y económica— que pretende crear el régimen del apartheid. La futura suerte del régimen del apartheid está completamente entrelazada con la de sus hermanas potencias imperialistas.

Lejos de ser invencible, el estado del apartheid es vulnerable. Es eso lo que tanto inquieta a Washington, Londres, París y las demás metrópolis imperialistas ante el avance de la lucha revolucionaria en Sudáfrica. La concentración del poder en manos del estado de la minoría blanca, así como las resultantes contradicciones y el desarrollo desequilibrado del imperialismo sudafricano, no son muestras del vigor sino, en el fondo, de la debilidad del eslabón sudafricano en la cadena imperialista.

Semejanzas con el sistema 'Jim Crow'

El sistema *Jim Crow* que imperó en la región sureña de Estados Unidos ofrece una valiosa analogía con el apartheid.[1] Esto parecería contradecir la observación anterior sobre el carácter singular del apartheid. Pero no es una contradicción si se emplea correctamente la analogía. La semejanza con el sistema *Jim Crow* resulta especialmente valiosa para nosotros en Estados Unidos, ya que relaciona la lucha en Sudáfrica con la histórica batalla que el pueblo trabajador de Estados Unidos vivió, libró y ganó solo recientemente: en los años cincuenta y sesenta.

El sistema *Jim Crow*, en su apogeo, representaba el intento en los estados de la antigua Confederación[2] de institucionalizar, codificar por ley y hacer permanente la expropiación y la opresión del pueblo afronorteamericano —los esclavos liberados y sus descendientes— separándolos de toda actividad económica, social y política realizada por los blancos. Por su misma naturaleza, pretendía ser un sistema de alcance global. Su finalidad era el dificultarles lo más posible a los negros la oportunidad de llegar a ser agricultores libres, así como impedirles que vendieran su fuerza de trabajo a los capitalistas en libre competencia con los obreros blancos.

La segregación bajo el sistema *Jim Crow* se imponía y se perpetuaba por la fuerza y la violencia organizadas tanto por el estado como por vías extralegales, incluyendo las bandas terroristas del Ku Klux Klan. En la época desde la derrota de la Reconstrucción Radical[3] a fines de la década de 1870, hasta el triunfo del movimiento por los derechos civiles casi un siglo más tarde, era difícil encontrar un sheriff en el sur de Estados Unidos que no fuera además un organizador local del Ku Klux Klan. La violencia autorizada por el estado iba mano a mano con la violencia extralegal.

El despojo de los derechos de ciudadanía —ante todo del derecho al voto— era esencial para mantener esta tiranía jurídicamente sancionada sobre los obreros y agricultores negros. También esto era impuesto por una combinación de instituciones legales (tales como los impuestos de vota-

El apartheid condena a la mayoría negra a las peores viviendas y condiciones de vida.

ción, las pruebas de alfabetización y las listas racialmente segregadas de candidatos para jurados) y del terror de los jinetes nocturnos contra los que intentasen romper estas barreras. Por eso el grito de guerra "¡Una persona: un voto!" se convirtió en una consigna central en la lucha por los derechos civiles. Es una consigna que hoy resuena en las ciudades, en los municipios y en el campo de Sudáfrica.

El movimiento por los derechos civiles solía subrayar las semejanzas entre el *Jim Crow* y el apartheid, entre Selma, Alabama[4] y Johannesburgo, Sudáfrica. Aquello reflejaba una realidad. Sudáfrica no se encontraba realmente muy lejos.

La trayectoria lógica del sistema *Jim Crow* no era un retorno al sistema esclavista de trabajo. No, la lógica del *Jim Crow*, llevada a su conclusión, era el apartheid: la subyugación de los negros como un estamento, negándoles el derecho de poseer tierra y el derecho de competir en condiciones iguales con los obreros blancos al vender su fuerza de trabajo. (Lenin resaltaba la "similitud… verdaderamente sorprendente" de la situación de los negros en el sur a principios del siglo y del estamento campesino en la Rusia zarista.[5] Los aparceros negros, destacó, eran "explotados al modo feudal o semifeudal por los antiguos dueños de esclavos"[6]).

Las semejanzas entre la lucha sudafricana y las conquistas por las cuales los obreros y agricultores norteamericanos lucharon —y las que lograron y que hoy día defienden celosamente— explican la profunda identificación que siente gran parte del pueblo trabajador de Estados Unidos con las batallas actuales en Sudáfrica.

El apartheid hoy

No obstante, el sistema del apartheid va más allá de lo que lograron imponer los arquitectos del *Jim Crow* en el sur

Alojamiento para mineros migratorios.

de Estados Unidos. A diferencia del apartheid, la segregación racial bajo el *Jim Crow* no se entrelazó completamente con toda la estructura del estado en Estados Unidos. Fue producto de la sangrienta derrota de la Reconstrucción Radical en los estados de lo que era la Confederación esclavista. Por lo tanto, el sistema *Jim Crow* pudo ser aplastado gracias a las grandes batallas por los derechos civiles en los años cincuenta y sesenta sin amenazar la estructura del estado del imperialismo norteamericano.

Es ahí donde termina la analogía entre el apartheid y el *Jim Crow*. El apartheid representa la institucionalización legal de la expropiación total del pueblo africano; representa el control del estado sobre cada aspecto de su trabajo y de su vida. Los pueblos africanos tienen una historia milenaria de vida productiva trabajando la tierra y desarrollando su cultura. Sus herramientas, sus tierras y su ganado les fueron arrebatados, primero en sangrientas guerras de conquista, luego cuando fue institucionalizado e impuesto el régimen del apartheid.

Despojados a la fuerza de sus tierras y herramientas, los pueblos africanos fueron arrastrados como proletarios a las minas, fábricas y plantaciones capitalistas. Pero no eran proletarios libres. Sufrieron las peores consecuencias del desposeimiento: perdieron todo lo que poseían y fueron expulsados de su tierra. Pero no consiguieron ninguna de las libertades que, bajo otras condiciones, han acompañado la proletarización: liberarse de la ataduras a la tierra; la libertad de vender su fuerza de trabajo en el mercado en igualdad de condiciones que los demás trabajadores; la libertad de cambiar empleo, de mudarse de una parte del país a otra, o inclusive al extranjero, buscando trabajo en las mejores condiciones y por los mayores salarios disponibles; liberarse de todos los obstáculos, limitaciones y prejuicios de la sociedad feudal.

Dónde pueden trabajar los africanos, dónde pueden vivir, cuánto tiempo pueden quedarse en las ciudades "blancas", adónde y cuándo pueden viajar: todo esto está controlado por el estado de los gobernantes blancos. Para la gran mayoría de los africanos, tener permiso de vivir fuera de los "territorios patrios" depende de si uno ocupa cierto empleo con la aprobación de las autoridades del apartheid. El africano que renuncie a aquel puesto, o que sea cesanteado o despedido, tiene que regresar al "territorio patrio" en el campo. Millones de africanos migran de los bantustanes empobrecidos a las minas y de vuelta, de los bantustanes a las plantaciones de los capitalistas blancos, y de vuelta, de los bantustanes a los municipios urbanos negros y de vuelta.

Si bien existe en Sudáfrica una gran clase obrera negra, solo un porcentaje relativamente pequeño de estos trabajadores asalariados constituye un proletariado africano permanente —un proletariado hereditario— en el sentido exacto de la palabra. Un africano que trabaje gran parte de su vida en las minas puede tener que volver constantemente al "territorio patrio" en el campo donde vive su familia. Son las autoridades del apartheid las que deciden si los hijos del africano obtendrán permiso —y durante cuánto tiempo— para dejar el bantustán y vender su fuerza de trabajo.

Cada aspecto de la vida en Sudáfrica está dominado, formado y restringido por el sistema del apartheid. La vivienda, la atención médica y la enseñanza están estrictamente sujetas por la ley a la segregación racial. La certificación de profesionistas y de distintos empleos se determina en base a la raza. El derecho de una persona a permanecer en una ciudad al anochecer depende de los matices del color de su rostro. El estado restringe el derecho a tener relaciones sociales y vivir con otra persona.

Lo que demuestra ante todo esta realidad es el sistema de

pases, el sistema de pasaportes internos. Si uno es africano, debe tener un pase y llevarlo consigo en todo momento. Cualquier policía puede exigir la inspección del pase a toda hora del día o de la noche. El pase debe contener todo tipo de documentación, desde los recibos de los impuestos y el historial de trabajo, hasta la firma del patrón actual. El pase es un instrumento esencial para el control de la vida, del empleo y del movimiento de la población africana. Hasta se convierte en crimen el acto de andar por la calle si no se hace según las reglas, las subreglas, las reglas siempre cambiantes y recodificadas del apartheid. Se dice sin exageración que para un africano es imposible andar de un extremo de la ciudad al otro sin "violar la ley".

Todo esto motiva que el sistema de pases se haya convertido en el foco especial de la lucha contra el régimen minoritario blanco. Un aspecto central de la Campaña de Desafío en 1952, iniciada por el ANC, fue la oposición a las leyes de pases. El régimen del apartheid respondió con represión brutal ante las renovadas protestas contra el sistema de pases a principios de los años sesenta: la masacre de Sharpeville en 1960, la proscripción del ANC y de otras organizaciones ese mismo año, y el arresto y encarcelamiento de Nelson Mandela y de otros dirigentes de la lucha contra el apartheid pocos años más tarde.

Este sistema del apartheid no es simplemente "capitalismo y racismo" en el sentido que entendemos en Estados Unidos. El apartheid no es simplemente la separación y la desigualdad racistas. No se trata solo de policías racistas. No se trata solo de escuelas segregadas. No se trata solo de barrios donde es peligroso para los negros andar. No se trata solo de discriminación en el empleo y en la enseñanza. Se trata de toda una estructura estatal que institucionaliza y mantiene la condición de los africanos como estamento.

A partir del fin de la Segunda Guerra Mundial, el estado del apartheid se ha vuelto aún más exclusivamente el estado de la raza blanca. Se ha desarrollado más allá del estado colonial, más allá de las formas ya existentes de opresión racista, más allá de la dominación del capital sobre el trabajo, llegando a la situación actual. Esta historia y realidad han determinado los objetivos de la actual revolución sudafricana.

Hoy día coexisten dos cosas en Sudáfrica. Existe el estado de la minoría blanca pero también está surgiendo una nación que lucha por hacer valer su existencia por la única vía posible: luchando para derrocar al estado del apartheid y para reemplazarlo con una república democrática cuyos ciudadanos serán todos los que vivan en Sudáfrica.

Tierra y nación

La Carta de la Libertad, elaborada en 1955 y reivindicada por el Congreso Nacional Africano (ANC), proclama que "nuestro pueblo ha sido despojado de su derecho patrimonial a la tierra, la libertad y la paz por un gobierno fundado en la injusticia y la desigualdad". Exige la abolición de todas las restricciones al derecho de poseer tierra.[7]

Al pensar en cómo promover la alianza obrero-campesina en Sudáfrica, hay que partir del hecho que la gran mayoría de los africanos en Sudáfrica no pueden vivir de la agricultura. No se debe a que no puedan mantenerse a flote económicamente, o a que se endeuden demasiado, o a que sean discriminados por los bancos, las compañías del transporte y los mayoristas. Es que *no tienen derecho alguno a poseer tierra*. Pueden trabajar en las plantaciones de propietarios blancos. Algunos logran ocupar "ilegalmente" una parcela de tierra y cultivarla "ilegalmente" por cierto rato. Pero por ley carecen completamente del derecho del agricultor libre a la tenencia de la tierra.

No siempre ha sido así en Sudáfrica. De hecho, hasta el

siglo 19 y comienzos del siglo 20 existió en ciertas regiones de Sudáfrica un importante campesinado con tierra, cultivando productos para el mercado. La expropiación general de estos campesinos africanos comenzó en 1913 con la Ley sobre la Tierra de los Nativos, conocida entre los negros sudafricanos más exactamente como la "ley del desposeimiento".

En la actualidad, los africanos pueden poseer y trabajar una parcela de tierra únicamente en el 13.7 por ciento de las peores tierras que han sido reservadas por el régimen del apartheid para la creación de los llamados bantustanes independientes, y en unas pocas —y cada vez menos— zonas rurales conocidas en Sudáfrica como "puntos negros". Y en estos sitios, la superpoblación y el agotamiento del suelo no permiten que más de un puñado de gente mantenga apenas una existencia mínima.

Tenemos una imagen errónea de Sudáfrica si no comprendemos las consecuencias económicas y sociales de este despojo de los derechos de los africanos a poseer y trabajar la tierra. Si nuestra visión de Sudáfrica se limita a sus industrias y minas, a lo que conocemos de las ciudades y de los granjeros blancos en el campo, obtenemos una imagen errónea. Solo vemos la Sudáfrica del estado blanco, de la minoría blanca. No vemos el estado-nación sudafricano que queda por nacer.

No podemos verlo porque la nación aún no se ha desarrollado. La riqueza de la tierra no la está extrayendo el pueblo, la mayoría negra. Los africanos están prácticamente excluidos de la producción de cultivos para el mercado. A pesar del predominio del capitalismo industrial moderno en Sudáfrica, la circulación elemental de mercancías y el desarrollo de un mercado interno existen solo en una escala primitiva para la mayoría negra.

No importa cuánto dinero ahorren, no importa cuánto

estén dispuestos a trabajar ellos y sus familias, no importa quién les haga un préstamo: *los africanos no pueden ser agricultores.*

La liberación de la tierra es imprescindible para la resolución de la cuestión nacional. Ninguna de estas tareas puede lograrse sin la destrucción de la estructura del estado del apartheid, que obstaculiza el camino al desarrollo del estado-nación sudafricano.

Esto es lo que señalan los luchadores negros por la libertad al decir que el estado del apartheid debe ser *derrocado*. Los gobernantes blancos racistas han sido, pueden ser y seguirán siendo obligados a hacer reformas. Pero el estado del apartheid sudafricano jamás podrá ser eliminado por reformas. Tendrá que ser derribado a la fuerza, no modificado.

Plenos derechos de ciudadanía

Hay un tercer elemento que se suma a la lucha por el derecho a la tierra y al derecho de establecer una nación y un estado-nación: es la lucha por los plenos derechos políticos y civiles para todo ser humano. Es una lucha por la igual protección bajo la ley; por la igualdad de derechos y privilegios de ciudadano; por el sufragio universal en una Sudáfrica unitaria. Es una lucha por los derechos establecidos históricamente por revoluciones democrático-burguesas.

Como dice la Carta de la Libertad:

"Todos los hombres y mujeres tendrán el derecho a elegir y ser elegidos para todos los organismos legislativos;

"Todo el pueblo tendrá derecho a tomar parte en la administración del país;

"El pueblo gozará de igualdad de derechos, sin distinción de raza, color o sexo;

"Todos los organismos, juntas asesoras, consejos y autoridades del gobierno minoritario serán reemplazados por organismos democráticos de autogobierno".

Estos derechos han sido —y siguen siendo— reivindicados y conquistados por los pueblos del mundo. Se encuentran entre los derechos que el pueblo trabajador por todo el mundo ha llegado a considerar inalienables. Son los derechos que los negros ahora luchan por arrebatarles a los gobernantes para todo el pueblo de Sudáfrica.

Tierra, nación, república democrática. Todas ellas están completamente entrelazadas.

La Carta de la Libertad

Las metas de la revolución nacional y democrática en Sudáfrica están presentadas en la Carta de la Libertad. Dicho documento fue adoptado en 1955 en un Congreso del Pueblo —convocado por el ANC y sus organizaciones aliadas— al que asistieron delegados de una amplia gama de grupos de todo el país.

La Carta de la Libertad es un programa sólido para la revolución nacional y democrática en Sudáfrica. Concisamente plantea demandas por derechos políticos, por el derecho a la tierra, por derechos sindicales, por el derecho a la igualdad salarial por trabajo igual, por el derecho a la vivienda, a la atención médica y a la educación, así como otros derechos. Es el programa del movimiento democrático revolucionario en Sudáfrica. Y es el programa mínimo de un partido obrero revolucionario, de un partido comunista, en Sudáfrica hoy.

Con todos los avances y el desarrollo que ha logrado el ANC desde la adopción de la Carta de la Libertad —y de hecho han habido importantes aclaraciones políticas y programáticas, así como el surgimiento de toda una nueva generación de dirigentes— el ANC no se ha apartado de la Carta de la Libertad. Al contrario: el ANC se ha desarrollado hacia una visión clasista más clara sobre la dirección y los métodos necesarios para llevar a cabo lo planteado por la Carta, y hacia formas aún mejores de presentar las ideas de la Carta a todo el pueblo de Sudáfrica.

Hoy la Carta de la Libertad ha sido adoptada además por muchas otras organizaciones políticas sudafricanas, incluyendo algunas que juegan un papel dirigente en el Frente Democrático Unido (UDF—United Democratic Front), una coalición antiapartheid que aglutina a unas 600 organizaciones que representan a un total de dos millones de miembros.

Hago hincapié en la importancia de la Carta de la Libertad porque algunos de los materiales que nosotros —el Partido Socialista de los Trabajadores— hemos distribuido, y por los cuales hemos asumido responsabilidad política, mantenían una postura sectaria y ultraizquierdista hacia la Carta. Esto se manifestó, por ejemplo, en la primera edición (1980) del libro de la editorial Pathfinder Press titulado *South Africa: White Rule, Black Revolt* (Sudáfrica: Dominio blanco, rebelión negra) por Ernest Harsch.

Dicha edición decía lo siguiente sobre la Carta:

> La Carta de la Libertad, adoptada oficialmente por el ANC en 1956, marcó una retirada parcial de las posiciones del nacionalismo africano que habían sido planteadas varios años atrás. Si bien el anterior Programa de Acción [de la segunda mitad de los años cuarenta] había resaltado la conquista de la autodeterminación y de la independencia política "bajo la bandera del nacionalismo africano", la Carta de la Libertad minimiza el aspecto nacionalista de la lucha por la liberación. Se abstiene de abogar abiertamente por el gobierno de la mayoría negra. En cambio, se refiere a un "estado democrático,

basado en la voluntad de todo el pueblo" y enfatiza que "Sudáfrica pertenece a todos los que viven en ella, negros y blancos".

Este párrafo se refiere al hecho —aunque no lo presenta correctamente— de que la adopción de la Carta fue parte de un proceso de aclaración de las diferencias con la corriente "africanista" en el seno del ANC que luego se escindiría y que en 1959 establecería el Congreso Panafricanista (PAC—Pan Africanist Congress).

Lo que se conocía por el nombre de africanismo, o de nacionalismo africano, había sido planteado durante la Segunda Guerra Mundial como la consigna de un ala de tendencia revolucionaria entre la nueva generación de combatientes en el ANC —entre ellos Nelson Mandela, Walter Sisulu y Oliver Tambo— que buscaban aflojar el control por parte de dirigentes conservadores, para dirigir la organización hacia una lucha más combativa. El nacionalismo africano de estos combatientes se inspiraba en el auge de la lucha independentista que barría el continente. Reconocía la relación entre la lucha por derrocar a los gobernantes blancos de Sudáfrica y la lucha de todos los pueblos africanos por librarse de la dominación colonial de las potencias europeas. En este sentido, el africanismo de estos jóvenes revolucionarios representaba un creciente internacionalismo.

Al enfocarse más claramente en la lucha por el poder político, por el derrocamiento del estado del apartheid, también necesariamente definieron más claramente el requisito de unificar a *todas* las víctimas del apartheid en Sudáfrica. Se empeñaron en forjar una lucha unitaria con organizaciones mestizas e indias, y en incluir a aquellos blancos que estaban dispuestos a incorporarse a la lucha revolucionaria.

La Alianza de Congresos (Congress Alliance), creada en 1955, unió al ANC con el Congreso Indio Sudafricano, la Organización Sudafricana de la Población de Color y el Congreso de Demócratas (South African Indian Congress, South African Coloured People's Organisation y Congress of Democrats, respectivamente). La última organización estaba integrada por blancos que se oponían al régimen del apartheid. El mismo año se formó el Congreso Sudafricano de Sindicatos (SACTU, South African Congress of Trade Unions), una organización sindical no racial que se unió a la alianza.

Mediante este proceso de lucha y debate, el "africanismo" de la dirección naciente del ANC se fue transformando en una perspectiva de lucha revolucionaria por el poder, en torno al programa democrático expresado en la Carta de la Libertad.

Sin embargo, una minoría en el seno del ANC se opuso a la Carta de la Libertad. Criticó en particular la afirmación en la Carta de que "Sudáfrica pertenece a todos los que viven en ella, negros y blancos". Estos opositores de la Carta contrapusieron su versión de "africanismo" al objetivo de aglutinar a todos los sectores de la oprimida población negra, así como a blancos, en un movimiento revolucionario destinado a la destrucción del estado supremacista blanco y a la conquista del poder por el pueblo trabajador. No lograron distinguir entre la posición de vanguardia que ocupan los africanos en esta lucha revolucionaria —una posición que les ha sido asignada por la estructura misma de la sociedad africana— y la meta de una república democrática y no racial, con plenos derechos de ciudadanía para todos.

Estos opositores de la Carta de la Libertad se apartaron de la perspectiva de buscar aliados entre todas las razas y todas las clases progresistas para la lucha de liberación nacional. Contrapusieron un movimiento exclusivo de africanos a un movimiento democrático-revolucionario que adopta la lucha por el poder de estado como el camino para la conquista de la tierra, la nación y la república democrática. Para ellos, el "africanismo" no era un paso hacia el internacionalismo, sino un paso hacia una orientación antiblanca y antiobrera.

Pero la edición de 1980 de *South Africa: White Rule, Black Revolt* prefería este "africanismo" a la perspectiva democrática revolucionaria del ANC. El libro criticaba la Carta de la Libertad por los motivos siguientes: "Si bien la Carta de la Libertad contenía una sección vaga sobre la nacionalización, Mandela se esmeró en explicar que 'de ninguna manera es una receta para una sociedad socialista'".

Esta crítica es verdaderamente un caso de sectarismo ultraizquierdista.

(Para que no haya ningún malentendido, cabe añadir que Ernest Harsch no puede ser responsabilizado en calidad personal o exclusiva por este tipo de declaraciones, aunque él, como el resto de nosotros, en general coincidía con ellas en la época en que se escribieron. La edición del libro estuvo a cargo de un equipo de editores. Si bien no reflejaba exactamente dónde nos encontrábamos en 1980, reflejaba por lo menos nuestra trayectoria anterior.)

¿Cuál es la sección "vaga" sobre la nacionalización en la Carta de la Libertad? Bajo el encabezado "El pueblo compartirá la riqueza del país", la Carta afirma:

> La riqueza nacional de nuestro país, patrimonio de todos los sudafricanos, será restituida al pueblo;
> La riqueza mineral del subsuelo, los bancos y las industrias monopólicas, serán propiedad de todo el pueblo;
> Todas las demás industrias y el comercio serán

controlados para que contribuyan al bienestar del pueblo;

Todos tendrán iguales derechos de comerciar donde elijan, dedicarse a la fabricación e ingresar en todas las ocupaciones, oficios y profesiones.

Eso no es nada vago, ni de lejos. Es una reivindicación concreta y específica dentro de un programa democrático revolucionario. No es una reivindicación socialista. No exige la expropiación del capital industrial. No reivindica la dictadura del proletariado. Correcto. El líder del ANC Nelson Mandela tenía razón al decir que la Carta de la Libertad no es una "receta para un estado socialista".

Y no debería serlo.

En primer lugar, las recetas para un estado socialista no son más que esquemas sectarios. Siempre. En segundo lugar, hoy un movimiento revolucionario de masas en Sudáfrica no puede desarrollarse ni se desarrollará en torno a un programa socialista. Un partido comunista puede construirse y se construirá en torno a un programa socialista, pero también va a adherirse a la Carta de la Libertad como su programa mínimo. Un movimiento comunista en Sudáfrica se estrellaría en pedazos si intentase imponerle su programa socialista completo a la revolución democrática y nacional que hoy está al orden del día en Sudáfrica.

¿En qué nos equivocamos en 1980?

Por un lado, nos inclinábamos hacia la opinión de aquellos que criticaban al ANC por no ser más "africanista", más nacionalista. Teníamos la tendencia de ver la lucha nacional en Sudáfrica, no como una expresión profunda de la lucha de clases, sino como algo mas fundamental que la lucha de clases.

Al mismo tiempo, nos sentíamos atraídos a los que criticaban al ANC por dirigir la lucha en torno a un programa democrático y nacional, en lugar de un programa socialista. No veíamos la revolución en el marco de la lucha por el poder político, en el marco de la clase obrera como dirigente del conjunto del pueblo en la lucha por derribar al estado del apartheid. Queríamos pasar a la revolución socialista, a la "auténtica" revolución.

¡Como si no fuera una auténtica revolución la batalla por derrocar al estado del apartheid! Como si la revolución democrático-burguesa en Sudáfrica hoy día es menos digna de apoyo, o es de menor importancia mundial, que la futura revolución socialista a la cual le abrirá el paso. Como si la vanguardia proletaria pudiera avanzar hacia la revolución socialista en Sudáfrica por otro camino que no sea el de hacer todo lo posible para llevar a cabo la revolución democrática y nacional de la manera más completa y revolucionaria.

Únicamente a través de esta lucha por conducir a la victoria la revolución democrática y nacional podrá construirse en Sudáfrica un partido obrero revolucionario. Es de entre los obreros que dirigen la revolución democrática que se forjará este partido proletario de vanguardia. ¿De dónde más podría surgir la dirección comunista?

¿A qué apuntaba Mandela al decir que la Carta de la Libertad no es una receta para un estado socialista? Esto es lo que dijo:

> Si bien la Carta reivindica cambios democráticos de gran alcance, de ninguna manera es una receta para un estado socialista, sino un programa para la unificación de distintas clases y agrupaciones entre el pueblo sobre una base democrática. Bajo el socialismo, los trabajadores ocupan el poder del estado. Ellos y los campesinos son dueños de los medios de producción, de la tierra, de las plantas

y fábricas. Toda la producción se destina al uso y no a la ganancia. La Carta no proyecta cambios económicos y políticos tan profundos. Al declarar "¡El pueblo gobernará!", prevé la transferencia del poder, no a una sola clase social, sino a todo el pueblo de este país, sean trabajadores, campesinos, profesionales o pequeñoburgueses.

Es cierto que, al reivindicar la nacionalización de la banca, las minas de oro y la tierra, la Carta asesta un golpe mortal contra los monopolios financieros y de la minería del oro, y contra los intereses agrícolas que durante siglos saquearon el país y condenaron al pueblo a la servidumbre. Pero tal paso es esencial, ya que la realización de la Carta es inconcebible —de hecho, es imposible— a menos y hasta que estos monopolios sean aplastados y la riqueza nacional del país sea entregada al pueblo. Destruir estos monopolios significa acabar con la explotación que sufren grandes sectores de la población a manos de los reyes de las minas y los barones de la tierra; significa un aumento general del nivel de vida del pueblo. La Carta suscita un apoyo tan amplio precisamente porque ofrece inmensas oportunidades para un mejoramiento general de las condiciones materiales de todas las clases y agrupaciones.[8]

Lo que Nelson Mandela explicaba acerca de la Carta de la Libertad demostraba un claro entendimiento de las fuerzas de clases en la revolución sudafricana (¡a menos que creamos que él incluye a los actuales gobernantes capitalistas de Sudáfrica entre las "clases y agrupaciones" que se beneficiarán del derrocamiento del apartheid!). En muchos sentidos, Mandela tenía una visión más clara que el libro que ayudamos a publicar y distribuir.

Cabe destacar lo que esto nos revela acerca de nosotros mismos: acerca de nuestra trayectoria hasta el presente, nuestro actual desarrollo, y nuestra trayectoria futura. La primera edición, que acabo de citar, se publicó apenas hace cinco años. Al agotarse la primera edición en 1983, Ernest quiso hacer toda una nueva edición con cambios extensos. Pero la editorial Pathfinder decidió solo hacer alteraciones limitadas, reduciendo el número de páginas que podían ser corregidas para ahorrar tiempo y dinero. Aún no entendíamos la necesidad de hacer la corrección política más profunda que ahora podremos hacer.

No es una 'etapa' de la revolución socialista

Existe otro error en el cual podríamos caer, inclusive al intentar corregir anteriores conceptos erróneos de corte sectario y ultraizquierdista sobre la revolución sudafricana. Podríamos decir: "Sí, las principales tareas de la revolución en Sudáfrica son evidentemente de carácter nacional y democrático. Sí, sería completamente ultraizquierdista si los revolucionarios sudafricanos libraran la lucha en torno a un programa socialista. Pero, dado el desarrollo capitalista y moderno de la industria y minería, y dado el tamaño de la clase obrera negra, ¿acaso el derrocamiento del estado imperialista del apartheid no establecería de hecho la dictadura del proletariado y no abriría lo que podríamos denominar la etapa democrática de la revolución socialista?"

La respuesta es: "No". Lo que está al orden del día en Sudáfrica es una revolución democrático-burguesa, no la etapa democrática de la revolución socialista. Es una revolución democrático-burguesa que será realizada y dirigida por el pueblo trabajador, y que abrirá el camino de la transición a la revolución socialista. Pero no se trata de meras etapas de una sola revolución; se trata de dos revoluciones. De no diferenciar claramente entre la revolución democrático-burguesa y la revolución socialista, la vanguardia obrera no podrá dirigir al pueblo trabajador para que realice la primera y, por lo tanto, no hará más que postergar la segunda. Y, si no tiene en cuenta claramente las tareas de la clase obrera en la revolución democrático-burguesa, la vanguardia comunista no podrá fortalecerse y atraer a sus filas a los dirigentes proletarios que surgirán y que se formarán en los combates revolucionarios contra el apartheid.

Nuestro repaso de la relación actual entre las clases en Sudáfrica debería dejar bien claro que el carácter de clase de la revolución sudafricana es cualitativamente diferente del de la revolución socialista que está al orden del día en países imperialistas como Estados Unidos, Japón o Australia. Tiene fuertes semejanzas con el carácter de la lucha revolucionaria por derrocar al régimen zarista en Rusia imperialista, la cual, como explicaban los bolcheviques, era una revolución democrático-burguesa. Según señalaba Lenin, la revolución socialista aún no estaba al orden del día en Rusia. Se pondría al orden del día únicamente cuando la vanguardia proletaria dirigiera al pueblo trabajador en una extensa revolución democrática, dando lugar a una dictadura democrática de los obreros y campesinos.

**Revoluciones democrático-burguesas
y revoluciones anticapitalistas**

Se puede enfocar aún mejor el carácter de la revolución sudafricana al examinar lo que la distingue de las *revoluciones anticapitalistas* que han llevado a la creación de gobiernos de obreros y campesinos en Cuba, Granada y Nicaragua en el último cuarto de siglo; y que están al orden del día en muchos países semicoloniales oprimidos por el imperialismo (aunque no en todos).

Veamos el ejemplo de Nicaragua. Tanto la lucha por el poder que culminó con la insurrección victoriosa de julio de 1979, como las posteriores medidas que ha tomado el gobierno dirigido por los sandinistas, han sido predominantemente de carácter antiimperialista y democrático.

En 1979, los obreros y campesinos nicaragüenses derrocaron la dictadura somocista apoyada por Estados Unidos, y acabaron con la dominación neocolonial del imperialismo yanqui. Como parte de la realización de estas tareas, el gobierno obrero y campesino expropió a la familia Somoza y a sus colaboradores directos en la clase gobernante; también nacionalizó ciertas propiedades imperialistas, incluyendo los principales recursos minerales del país.

El gobierno revolucionario estableció amplios derechos democráticos y obreros. Inició programas sociales para mejorar la salud, la educación y las condiciones de vida del pueblo trabajador, y para fortalecer su confianza política en sí mismo. El gobierno lanzó y ha desarrollado una profunda reforma agraria para dar tierra a los trabajadores agrícolas desposeídos y a las familias campesinas cuyas parcelas eran demasiado pequeñas como para mantener un nivel de vida decoroso y poder producir un excedente para la venta en el mercado. Además se han creado fincas estatales y cooperativas.

Washington ha organizado y financiado una guerra contrarrevolucionaria, con el propósito de derrocar al gobierno sandinista. Ante la escalada de la guerra, la defensa de la soberanía nicaragüense se ha convertido en una tarea cada vez más importante para el poder de estado revolucionario.

El gobierno sandinista expropió a los banqueros nicaragüenses. Ha impuesto restricciones al comercio exterior, y a las formas en que los propietarios nicaragüenses de fincas e industrias capitalistas pueden invertir su capital.

No obstante, un 60 por ciento de la industria permanece como propiedad capitalista, al igual que gran parte de la producción del algodón, del café y de otros productos agrícolas.

Estos aspectos de la revolución nicaragüense son similares a lo que podrá anticiparse en la revolución venidera en Sudáfrica. Pero también hay diferencias cualitativas.

A pesar del atraso económico del país y de la importancia de las tareas antiimperialistas y democráticas, la revolución nicaragüense es una revolución *anticapitalista*. En cambio, la revolución en Sudáfrica es una revolución *democrático-burguesa*. ¿Cuáles son las diferencias? La respuesta nos conduce de nuevo a la cuestión del carácter del sistema del apartheid y de su estructura estatal.

En Sudáfrica, la abrumadora mayoría de la población aún no ha podido establecer un estado-nación. Esta es una tarea central de la revolución sudafricana. No es así en Nicaragua. Los sandinistas sí enfrentan la tarea importante de integrar plenamente a los pueblos indígenas y negros de la Costa Atlántica en la nación nicaragüense, garantizándoles al mismo tiempo el derecho a su idioma y cultura. Esto afecta a unas 110 mil personas, de una población total de tres millones de personas en Nicaragua. Sin embargo, la revolución sandinista ya comienza con un estado-nación nicaragüense. Bajo la tiranía somocista, todos los nicaragüenses eran ciudadanos del país, con el derecho formal a la protección y al trato igual bajo la ley. Tenían el derecho formal al voto, aunque las elecciones somocistas eran farsas.

Los obreros y campesinos nicaragüenses eran explotados, y sufrían la discriminación y la opresión en base a su posición de clase, sus ideas políticas y su origen racial. Pero no se veían restringidos por la ley en cuanto a su derecho a viajar, a vivir y a trabajar donde quisieran, o al lugar donde podían pasar la noche. Los obreros nicaragüenses carecían de derechos sindicales y otros derechos obreros. Pero no estaban oprimidos por algún status legal especial y permanente que limitara su movilidad y sus oportunidades de empleo, sus niveles salariales, y que de alguna manera los marginara de algún otro sector —establecido por la ley— de la clase trabajadora. No había ningún estamento separado que abarcara a la gran mayoría del pueblo trabajador.

Por lo tanto, Nicaragua bajo el régimen somocista era una república burguesa, aunque extremadamente represiva y antidemocrática, que además era explotada por el imperialismo. Pero el régimen sudafricano ni siquiera es una república en este sentido. Se asemeja más a algunas de las estructuras de estado en Grecia y en Roma en la antigüedad, donde solo una minoría de la población gozaba del derecho a poseer la tierra, a votar, y a ejercer otros derechos de ciudadanía. La gran mayoría eran esclavos u otros trabajadores despojados de los derechos de ciudadanía.

También la cuestión agrícola en Nicaragua era diferente de la de Sudáfrica. La producción agrícola en Nicaragua prerrevolucionaria combinaba la agricultura capitalista en gran escala, empleando trabajo asalariado, con un importante campesinado propietario de tierra. La mayoría de estos campesinos poseían parcelas minúsculas y apenas podían subsistir, pero además había una capa media de productores campesinos más acomodados, así como una capa menor de campesinos capitalistas y explotadores. En otras palabras, había un desarrollo y una diferenciación de clases modernas en el seno de la nación nicaragüense, tanto en la ciudad como en el campo.

En cambio, para la mayoría negra en Sudáfrica, está obstruido el camino al desarrollo de clases y de relaciones de clases modernas. La producción agrícola por parte de la minoría blanca combina fincas capitalistas con productores terratenientes individuales, pero a la abrumadora mayoría de la población le está prohibido poseer tierra y cultivar productos para el mercado.

Los obstáculos al desarrollo de la nación sudafricana no son principalmente supervivencias *precapitalistas,* como las relaciones semifeudales que caracterizaban el campo en Rusia zarista, o como las relaciones económicas y sociales extremadamente subdesarrolladas que aún predominan hoy día en numerosos países africanos e islas del Pacífico. Los principales obstáculos que deben ser barridos por la revolución democrática y nacional en Sudáfrica son las estructuras del apartheid que han sido *creadas* por la clase dominante capitalista blanca.

También el pueblo trabajador nicaragüense enfrenta muchas dificultades materiales objetivas en la realización de su revolución democrática y nacional contra la dominación imperialista y su legado de subdesarrollo. Pero no ha tenido que barrer obstáculos para la creación de una nación y para una diferenciación de clases modernas, como lo tiene que hacer el pueblo trabajador de Sudáfrica.

Por esta razón, cuando triunfó la revolución en julio de 1979, era una revolución anticapitalista la que estaba al orden del día en Nicaragua, aunque han predominado tareas democráticas y antiimperialistas durante todo el período inicial de la revolución.

Sin embargo, el hecho de que los obreros y campesinos nicaragüenses han hecho una revolución anticapitalista no significa que Nicaragua actualmente sea un estado obrero, con la dictadura del proletariado. No lo es. Los cimientos económicos de un estado obrero son: la propiedad estatal, el monopolio estatal del comercio exterior, y una planificación considerable de la economía sobre esta base. Estas condiciones aún no existen en Nicaragua.

La transición del actual gobierno obrero y campesino a la creación de un estado obrero en Nicaragua se dará únicamente con un aumento sustancial en la organización y la movilización de las masas, culminando con una segunda coyuntura cualitativa en el proceso revolucionario: la expropiación de la burguesía. Dado el modesto desarrollo de las fuerzas productivas en Nicaragua, el tamaño relativamente pequeño de la clase obrera, y las presiones militares y económicas del imperialismo, la dirección sandinista ha trazado un camino correcto que evita todo paso innecesariamente rápido hacia esa segunda coyuntura cualitativa. Ha hecho todo lo posible por ganar el máximo de tiempo para fomentar la conciencia y la organización de los obreros y los campesinos, para prepararse para el desafío decisivo de la transición a un estado obrero. Inclusive han aprovechado al máximo la correlación internacional de fuerzas, especialmente la ayuda decisiva que, gracias a esta situación, Nicaragua ha podido recibir de varios estados obreros.

A diferencia de Nicaragua, antes de hacer su revolución anticapitalista Sudáfrica tiene que tener su revolución democrático-burguesa. No ver esta diferencia cualitativa sería desconocer el reto que el estado del apartheid ha colocado frente a las masas sudafricanas. Sería interpretar mal el carácter de la revolución sudafricana, de una manera sectaria y ultraizquierdista. Las oprimidas masas trabajadoras de Sudáfrica crearán una nación, garantizando derechos universales de ciudadanía a todos los que integran esa nación. Establecerán una república democrática. Involucrarán a la gran mayoría del pueblo trabajador por primera vez en la producción y el intercambio de mercancías.

Únicamente al realizarse exitosamente esta revolución democrática y nacional podrá abrirse el camino de la transición a la revolución socialista en Sudáfrica. No se trata de anticipar cuánto durará el período de transición. Se trata de comprender Sudáfrica tal como es, el conjunto de Sudáfrica: tanto los bantustanes como las zonas industriales y los municipios alrededor de Johannesburgo, El Cabo o Durban; tanto los trabajadores africanos sin tierra que desean cultivar, como las fincas capitalistas de los blancos; tanto el sistema de trabajo migratorio y las viviendas parecidas a cárceles, como las instalaciones modernas de las minas de oro y de diamante. Solo así podremos comprender el verdadero carácter de la revolución que se desenvuelve en Sudáfrica.

El hecho de que existe una clase obrera grande y cada vez más combativa en Sudáfrica no pone la revolución socialista al orden del día. El peso del proletariado no decide nada, de por sí, respecto al carácter histórico de la revolución. Lo que ese peso sí decide es el papel de la clase obrera en la dirección de esta revolución. Si la clase obrera logra forjar una alianza combativa con el oprimido pueblo trabajador del campo, y si traza un camino hacia la lucha por el poder, sin confiar en los burgueses liberales, entonces jugará el papel decisivo de dirección en la revolución democrático-burguesa en Sudáfrica.

¿Cuánto durará el período de transición entre el inicio de la revolución democrática y el inicio de la revolución anticapitalista? ¿Nueve meses? Ese fue el lapso en Rusia: entre la revolución en febrero de 1917 que derrocó al zar, y la revolución dirigida por los bolcheviques en octubre que llevó al poder a los soviets de diputados obreros, soldados y campesinos.

Tal vez el lapso entre el derrocamiento del apartheid y el inicio de la revolución anticapitalista será más breve en Sudáfrica. Tal vez será más largo. Es más que inútil intentar predecirlo.

Lo decisivo para la vanguardia proletaria no es anticipar

el ritmo exacto, sino entender la relación entre las dos revoluciones. La clase trabajadora, al aliarse a los campesinos y a las masas populares, se esfuerza por dirigir la nación naciente para realizar la revolución democrático-burguesa de la manera más completa e intransigente, culminando con la creación de una dictadura democrática y no racial de los obreros y campesinos sudafricanos. Al hacer esto, abre las puertas a la transición a una revolución socialista. Si la vanguardia proletaria intentase saltar por encima de esa revolución democrática —para llegar más rápidamente a la revolución socialista— lo que haría sería alejarse aún más de ella. Tiene que *pasar* por la revolución democrática.

Esto lo explicaba Lenin una y otra vez respecto a la revolución contra el régimen terrateniente-capitalista en la Rusia zarista. "No podemos salirnos del marco democrático-burgués de la revolución rusa —dijo— pero podemos ensancharlo en proporciones colosales; podemos y debemos, dentro de sus límites, luchar por los intereses del proletariado, por la satisfacción de sus necesidades inmediatas y por las condiciones que posibilitarán la preparación de sus fuerzas para la futura victoria completa".[9] Al seguir dicho curso, resaltó Lenin, "no la aplazamos [la revolución socialista], sino que damos el primer paso hacia ella por el único procedimiento posible, por la única senda acertada, por la senda de la república democrática".[10]

¿Cuál será el carácter del nuevo poder estatal que llegará al poder en Sudáfrica con la revolución democrática? ¿Habrá un gobierno provisional revolucionario integrado por una coalición de fuerzas, en que los representantes de los obreros revolucionarios hayan ganado —o estén esforzándose por ganar— la dirección? ¿Existirá algún tipo de poder dual? ¿Cómo se resolverán las contradicciones entre la democracia revolucionaria y la concentración extrema de riqueza en manos de unas familias capitalistas blancas?

No podemos predecir las respuestas a estas interrogantes, al igual que los bolcheviques no pudieron haber predicho que la revolución en febrero de 1917 daría lugar a un poder dividido entre el Gobierno Provisional burgués, por un lado, y los soviets de diputados de obreros, campesinos y soldados, por el otro.

Lo que sí podemos y debemos hacer es tener presente la meta: una dictadura democrática revolucionaria del pueblo trabajador de Sudáfrica. Con el derrocamiento del estado del apartheid, ¿subirá al poder un gobierno revolucionario y popular? Eso lo decidirá la correlación de fuerzas de clases en el seno del movimiento democrático revolucionario. Las masas plebeyas dirigirán este movimiento; y las fuerzas proletarias en su seno estarán a la vanguardia de la lucha por derrocar al estado, por tomar el poder, por organizar y armar al pueblo trabajador, y por usar el poder de la mayoría para poner en práctica la Carta de la Libertad.

La correlación de fuerzas que existe hoy día en Sudáfrica favorece el triunfo de la revolución democrática y nacional, favorece su realización más completa. Y favorece las luchas obreras y campesinas que serán impulsadas hacia adelante gracias a las nuevas condiciones que surgirán tras la caída del estado del apartheid.

II. EL PAPEL DE LA CLASE OBRERA Y DEL CAMPESINADO EN LA REVOLUCIÓN SUDAFRICANA

Además de comprender el carácter de la revolución que está al orden del día, tenemos que comprender el papel de la clase obrera y del campesinado en la dirección de esta revolución.

La fuerza y el peso decisivos de la clase obrera en Sudáfrica determinan el tipo de dirección que puede y debe desarrollarse, si ha de triunfar la revolución. Determinan qué tipo de alianzas de clases son posibles. Determinan el grado de confianza y de fuerza con que esta dirección puede alcanzar y atraer a todos los que están dispuestos a derribar al estado del apartheid, rechazando firmemente toda confianza en la burguesía liberal o subordinación a ella.

La crisis revolucionaria madurará en Sudáfrica por el conflicto irreconciliable que existe entre los gobernantes blancos y su sueño de apartheid, por un lado, y las luchas de la clase obrera negra que han sido engendradas por este "sueño", por el otro.

¿Cuál era el sueño del apartheid? A nosotros nos parece demente. Es como si se trajera la Confederación esclavista norteamericana al siglo veinte, se le añadieran unos teóricos, planificadores urbanos y sociólogos nazis, se les entregaran las tierras y los recursos naturales más ricos del planeta, se les ofreciera el respaldo de las potencias imperialistas más fuertes, y se les dijera: "Adelante, confeccionen la sociedad de sus sueños".

Soñaban con excluir de los centros urbanos a la abrumadora mayoría de la población, del pueblo africano. Su plan no solo era el de impedir el desarrollo de una nación valiéndose de la estrategia de "divide y vencerás" incluyendo la creación de los fraudulentos "territorios patrios", los bantustanes. No solo se trataba de robarles la tierra a los africanos y así negarles toda forma de subsistir excepto vendiendo lo único que no se les puede robar: su fuerza de trabajo. No solo se trataba de deprimir el valor de esta fuerza de trabajo institucionalizando la opresión a todos los niveles y en todos los ámbitos de la vida. No solo se trataba de mantener todo esto excluyendo a los africanos de todos los derechos civiles y de todos los aspectos de la vida política.

Trabajadores de una plantación azucarera en Natal.

Soñaban con lograr todo esto, y *además* excluir a los africanos de las ciudades. Soñaban que los africanos de alguna manera entrarían a la ciudad por la mañana, cocinarían el desayuno, cambiarían los pañales, lavarían la ropa, trabajarían en las fábricas y oficinas, producirían toda la riqueza… y antes del anochecer se esfumarían.

Es esto lo que los arquitectos del apartheid han pretendido crear, con violencia y terror y complicados códigos y estructuras legales para imponerlo. Buscaban construir un estado de la minúscula minoría blanca para mantener el apartheid —gracias al cual se enriquecerían los propietarios blancos de la tierra, de los recursos naturales y de las fábricas— y al mismo tiempo preservar exclusivamente para los blancos los centros urbanos de la riqueza y la cultura burguesas.

Puede parecer absurdo. Pero no lo es, teniendo en cuenta la lógica del sueño. Los gobernantes sudafricanos que pertenecían al Partido Nacional no tenían duda alguna acerca de los problemas que acarrearía el ir en el sentido inverso: permitir que todos los sudafricanos tuvieran libertad de movimiento, el derecho de cultivar y de poseer viviendas, el derecho de votar y el derecho de organizarse y de luchar por la libertad.

Pero les ha salido el tiro por la culata. El sueño engendró precisamente lo que pretendía evitar. Para producir la riqueza, los gobernantes blancos han tenido que crear una fuerza laboral, una clase obrera con ciertas habilidades, con cierta continuidad, con algo de estabilidad y de desarrollo. Han creado más de ocho millones de obreros negros, representando más del 80 por ciento de la fuerza laboral.

Al ir forjándose esta clase, los gobernantes han tenido que idear reglas y reglamentos cada vez más complicados para limitar su poder, para tratar de impedir que ejerza su creciente fuerza económica y peso social. La burguesía del apartheid ha desarrollado el sistema más extenso y bizantino de control laboral jamás visto en el mundo. Crearon el sistema de trabajo migratorio, forzando a millones de obreros negros a trasladarse constantemente entre los bantustanes y las ciudades "blancas", sin derechos de ciudadanía. Estos obreros están a la merced de los patrones y de las autoridades del estado del apartheid, hasta para obtener permiso para pasar la noche en la ciudad. A millones les niegan el derecho de que sus familias vivan con ellos cerca de su trabajo. Inscripción obligatoria en las oficinas laborales del estado; controles por computadora de los recursos de mano de obra; migración y reasentamientos forzados: el sueño es una verdadera pesadilla.

El apartheid ha convertido a millones de personas en "extranjeros ilegales" en su propio país. Ésta es otra forma en que podemos relacionar un aspecto del sistema del apartheid a las luchas del pueblo trabajador en Estados Unidos. Sabemos lo que significa la creación del status de "extranjeros ilegales" en Estados Unidos. La clase gobernante no pretende impedir que más trabajadores indocumentados ingresen a la fuerza laboral. Jamás se ha preocupado la burguesía de ningún país porque tiene demasiados obreros que compiten entre sí para vender su fuerza de trabajo. Al contrario, la amenaza constante de la "ilegalidad" de los obreros indocumentados —tanto en Estados Unidos como en Sudáfrica— se usa para mantenerlos en condición de marginados, a fin de deprimir la porción "moral" o históricamente determinada del valor de su fuerza de trabajo. El resultado es que tanto individuos como la clase en su conjunto incorporan esta situación en su modo de pensar, de modo que las personas "ilegales" *anticipan* recibir peores salarios y *toleran* peores salarios.

El proletariado negro de Sudáfrica está luchando por ser lo que Federico Engels llamaba "proscritos libres": obreros que, además de ser desposeídos de su tierra y de sus herramientas, se ven liberados de todas las ataduras tradicionales. Hoy día, los obreros negros en Sudáfrica son "proscritos no libres". No gozan de la libertad que acompaña la situación del proletario en la mayoría de los países capitalistas, hasta los más represivos. Los obreros negros hoy en Sudáfrica exigen la libertad de vender su fuerza de trabajo al mejor postor, la libertad de viajar, la libertad de vivir y trabajar donde se les antoje.

La gran proletarización y concentración urbana de la población negra, las concentraciones gigantescas de capital y —por consiguiente— de mano de obra, han socavado el sistema mismo del apartheid. Están poniendo fin al sueño.

La organización de los obreros negros

Gracias a las experiencias y luchas que está viviendo, esta clase obrera se ha colocado cada vez más a la vanguardia de la lucha por derrocar el estado de los racistas blancos.

Cuando los mineros del carbón de Gran Bretaña salieron en huelga el año pasado, una de las primeras contribuciones de fondos para su sindicato llegó del sindicato de mineros en Sudáfrica. Esto nos indica algo acerca del nivel de conciencia del proletariado negro en Sudáfrica. Nos indica algo acerca del desarrollo del movimiento obrero en ese país a pesar de todos los obstáculos, las tergiversaciones y los problemas especiales impuestos por el apartheid, incluyendo los sindicatos segregados y las dobles estructuras sindicales.

Durante la última década, sindicatos —tanto legales como semilegales— dirigidos y organizados por negros han conquistado el derecho de existir. Aprovechan los espacios legales que los gobernantes blancos se han visto obligados a concederles, y buscan ganarse otro poco de legalidad. A partir de 1976 ha habido una explosión de sindicalización entre los obreros negros: de unas pocas decenas de miles, a más de medio millón en la actualidad. Las campañas de sindicalización y las actividades huelguísticas se han convertido en el principal medio para la organización, la formación y la experiencia de combate de la clase obrera, aumentando su confianza y unidad.

Desde luego, los sindicatos no son ni pueden ser vehículos políticos para organizar la vanguardia de la lucha democrática revolucionaria. Se empeñan en ser auténticas organizaciones sindicales del conjunto de la clase obrera. Tienen como fin la unidad de todos los obreros en cada industria, no solo de los obreros más conscientes. No tienen como meta convertirse en partidos revolucionarios de vanguardia, sino fortalecerse *como sindicatos,* defendiendo los intereses de la clase obrera, reforzando su conciencia social y su accionar político.

El plan del apartheid no solo consiste en mantener a los negros separados de los blancos. También pretende mantener a los africanos divididos entre sí —al xhosa del zulú, al zulú del sotho, al sotho del tswana— y mantener a los africanos divididos de los indios y de los mestizos.

El régimen les ha otorgado a los indios y a los mestizos algunos privilegios en relación a los africanos. Ha hecho todo lo posible por dividir a los africanos según diferencias lingüísticas, religiosas y de origen tribal. Ha comprado a colaboracionistas africanos que aceptan puestos que son parte de las estructuras del estado del apartheid. Y ha elaborado una red de soplones, un arma imprescindible para el tipo de régimen represivo que ha sido engendrado por el apartheid.

Pero el desarrollo de la clase obrera ha contribuido a superar todas estas divisiones. Ha unido a obreros africanos de distintos orígenes en los mismos sindicatos, en las mismas industrias, a veces hasta en las mismas fábricas: todos sufriendo la misma opresión racista, todos forzados a ser parte del mismo "estamento". Los ha puesto en mayor contacto diario con obreros mestizos e indios. En el transcurso de las luchas de clases por parte de estos trabajadores en defensa de sus demandas, una nueva comunidad de intereses ha ido desplazando las diferencias.

Los obreros y el derecho a la tierra

También hay que observar otro aspecto del desarrollo de la clase obrera. La población africana se ha proletarizado en el sentido clásico de la palabra, lo cual no es idéntico con convertirse en obreros industriales. Han sido despojados de su tierra —tanto de su propiedad familiar como de sus tierras comunales—, de su ganado y de sus herramientas. Han sido expropiados. En gran medida han sido expulsados de la tierra.

Uno de los objetivos de la revolución sudafricana es la "desproletarización" de una parte de esta clase, o sea, la conquista del derecho a ser agricultor y propietario. La conquista del derecho de todos los negros a trabajar la tierra y a cultivar para el mercado es una de las tareas centrales de esta revolución.

Así, este aspecto nos hace volver al carácter nacional y democrático de la revolución. Una tarea de la alianza de los obreros y campesinos en Sudáfrica es la conquista del derecho de los proletarios que desean ser agricultores, a ser agricultores. Este derecho solo puede conquistarse con el derrocamiento revolucionario del estado imperialista. Es una combinación concreta de tareas que los arquitectos del apartheid les han impuesto a las masas trabajadoras de Sudáfrica.

A medida que la clase obrera, como clase, se ha colocado más y más a la cabeza de la lucha de liberación en Sudáfrica, el papel de la mujer en la lucha ha asumido una mayor importancia. La juventud ha cobrado una mayor confianza y una combatividad explosiva, al ir asimilando las lecciones de sus experiencias y al seguir acercándose al movimiento obrero.

La dictadura democrática y revolucionaria del pueblo trabajador

La vanguardia proletaria del movimiento democrático revolucionario en Sudáfrica está luchando para que la mayoría llegue al poder. Está luchando por una dictadura revolucionaria de esta mayoría, para hacer valer y proteger el dominio de la mayoría. Movilizará la fuerza de esta mayoría para quebrar por completo la resistencia del antiguo orden y reorganizará la sociedad sudafricana. Desarmará el anterior poder de estado y arrasará con todas las viejas estructuras estatales. Creará las condiciones necesarias para que los seres humanos puedan liberarse y avanzar más allá de lo que las viejas estructuras los forzaban a ser. Posibilitará el desarrollo de la nación sudafricana, abriendo las puertas a una diferenciación progresiva de clases, permitiéndoles a algunos ser agricultores, a otros profesionales, a otros pequeños comerciantes, y a otros trabajadores asalariados: *todo esto independientemente de su raza.*

Esta perspectiva es auténticamente revolucionaria. Integra las luchas democráticas para establecer la nación sudafricana, para liberar la tierra, para ganar el sufragio universal. Apunta a la conquista y defensa de estas metas por todos los medios necesarios. Reconoce que ningún sector de la burguesía accederá a estas demandas, ni qué hablar de encabezar una lucha por ellas. La clave de la victoria es una alianza combativa de los obreros y los productores del campo.

Esta perspectiva revolucionaria rechaza el mito liberal de que el apartheid puede eliminarse por reformas. Rechaza el camino de la conciliación y de las componendas con los gobernantes del apartheid. Rechaza la idea de confiar en la burguesía liberal o de dejarse dirigir por ella. Es la perspectiva de que el pueblo trabajador, de que las masas populares, tomen el poder.

No debemos asombramos al ver surgir en Sudáfrica la lucha por una dictadura democrática revolucionaria del pueblo trabajador, del proletariado y el campesinado. No es el primer país imperialista donde la vanguardia obrera revolucionaria buscó maneras de realizar este objetivo. Los bolcheviques lo hicieron en la Rusia zarista, el eslabón más débil de la cadena imperialista a principios del siglo. Llevaron a cabo una revolución cuyo triunfo ha influenciado la historia mundial desde entonces.

Eso es precisamente lo que está sucediendo hoy día en Sudáfrica. La vanguardia del proletariado tiene como meta el forjar una alianza de las masas trabajadoras, una alianza que podrá conquistar el poder político y que *empleará* el poder de la mayoría para avanzar y para conquistar todos los objetivos sociales, políticos y económicos del pueblo. El pueblo trabajador negro de Sudáfrica no lucha por crear un nuevo estado basado en la explotación y la opresión, cambiando únicamente el color de la piel de la clase dominante. No es ésa la meta de esta revolución nacional y democrática en Sudáfrica. Ni podría serlo.

III. EL PAPEL DE VANGUARDIA DEL CONGRESO NACIONAL AFRICANO

El Partido Socialista de los Trabajadores reconoce que el Congreso Nacional Africano es la vanguardia de la revo-

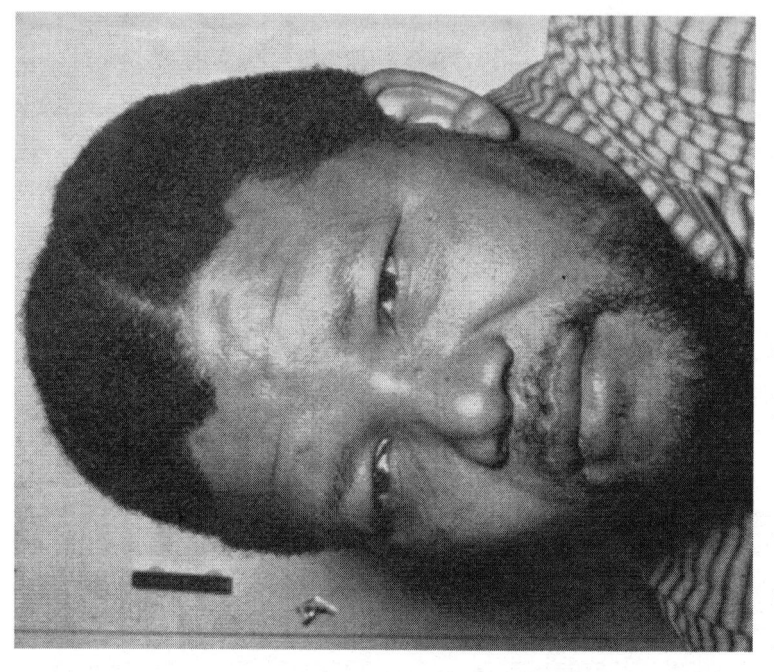

Oliver Tambo, presidente del Congreso Nacional Africano (ANC); Nelson Mandela, dirigente encarcelado del ANC.

lución democrática en Sudáfrica. El ANC ha conquistado esta posición en el curso de la lucha.

A medida que se profundiza una lucha revolucionaria y se desarrolla la dirección, una de las organizaciones que compiten por la dirección siempre se establece, no solo como uno de los grupos de vanguardia, sino como *la* vanguardia. Esto lo ha hecho el ANC.

Reconocer esta realidad no significa que ya no existan divisiones, debilidades y otros problemas que al ANC le quedan por superar. No significa que no vaya a haber una mayor evolución a medida que se desarrolle la lucha. Tampoco significa que no hayan otras organizaciones revolucionarias, o que apoyemos únicamente las luchas dirigidas por los partidarios del ANC. Expresa simplemente la realidad de que, en la lucha democrática revolucionaria en Sudáfrica, se ha forjado una vanguardia revolucionaria que hoy se encuentra organizada cada vez más en el ANC y que es reconocida por la gran mayoría de los luchadores contra el apartheid.

En una cierta etapa en Cuba, el Movimiento 26 de Julio se convirtió en la dirección de la revolución cubana. No era que el Movimiento 26 de Julio simplemente fuera mejor conocido que los demás grupos, o que tuviera un aparato más sofisticado de relaciones públicas, según aseveraban sus opositores. Se convirtió en la organización que encabezaba la revolución. Conquistó la posición de vanguardia en la lucha. Todo revolucionario en Cuba tenía que actuar teniendo eso en cuenta. Todas las corrientes revolucionarias en otros países también tenían que reconocer esta realidad y actuar en base a ella.

Esto no quiere decir que no existieran otras organizaciones revolucionarias en Cuba. Había por lo menos otra más: el Directorio Revolucionario. Había también el partido estalinista —el Partido Socialista Popular— que se autocalificaba como organización revolucionaria. La actitud política del Movimiento 26 de Julio hacia las demás organizaciones que eran o que se reclamaban revolucionarias siempre fue uno de los puntos fuertes de la dirección de Fidel Castro. Desde ese punto de vista era un modelo. Esto se evidenció aun antes del inicio de la guerra de guerrillas, y continuó hasta después de la conquista revolucionaria del poder. La dirección del Movimiento 26 de Julio siempre buscó incorporar sistemáticamente a la dirección de la revolución a todos los que podían ser ganados a ella. Resultó que la fusión del Movimiento 26 de Julio con el PSP y con el Directorio Revolucionario a principios de los años sesenta fue un paso decisivo para la revolución. Pero esta fusión —iniciada, dirigida e impulsada por el Movimiento 26 de Julio— no hizo más que confirmar que el Movimiento 26 de Julio efectivamente se había ganado el derecho de dirigir a los obreros y campesinos cubanos en la revolución.

Llegó un momento en que lo mismo ocurrió con el Frente de Liberación Nacional (FLN) de Argelia. El PST reconoció esto y obró en base a ello. En esa época hubo opiniones divergentes sobre esta conclusión en el seno de la dirección del PST, y tuvimos todo un debate sobre ello.

Llegó un momento durante la guerra independentista de Angola contra Portugal en que el Movimiento Popular de Liberación de Angola (MPLA) surgió como la vanguardia política de la lucha. Lo mismo pasó con el Frente Sandinista de Liberación Nacional en Nicaragua. En el caso de Angola y de Nicaragua, nosotros en el PST tardamos en reconocer la realidad de la dirección que se había forjado en el curso de la lucha revolucionaria, y a consecuencia de esto hemos aprendido unas lecciones importantes.

El ANC se ha ganado la dirección de la revolución democrática en Sudáfrica. Las masas negras consideran al ANC como la dirección de la revolución sudafricana. La Carta de la Libertad se ha convertido en la plataforma reconocida de la lucha revolucionaria contra el apartheid. Esto es lo que se ha conquistado. Y esto continuará siendo así, a menos que algo cambie en la lucha misma.

El ANC se ha ganado el derecho de hablar ante los pueblos del mundo en nombre de la lucha por la libertad en Sudáfrica. Se ha ganado el derecho de hablar en nombre de Sudáfrica ante Naciones Unidas. Se ha ganado el derecho de ser reconocido por las países como la dirección de la revolución sudafricana. Y esto es lo que debe tener en cuenta la gente que en cualquier parte del mundo apoye la lucha por una Sudáfrica democrática.

Podemos tomar más tiempo para familiarizarnos con la historia de la lucha sudafricana antes de tratar de decidir en qué momento durante las últimas décadas el ANC se ganó esta posición. Lo que proponemos resolver ahora es que hoy día ésta es la realidad indiscutible. Es nuestra opinión. Así ha venido actuando el PST, y así seguiremos actuando.

La lucha en Sudáfrica ha tenido una larga evolución. El ANC ha cambiado a lo largo de las décadas, a medida que han cambiado la estructura de clases y la correlación de fuerzas en Sudáfrica. Ha habido una evolución política, una evolución hacia una orientación clasista. Se ha producido una evolución al ir surgiendo nuevas generaciones de jóvenes. Un aspecto de esto ha sido el desarrollo muy importante de las relaciones del ANC con fuerzas comunistas de vanguardia alrededor del mundo: desde Cuba y Granada hasta Vietnam y Kampuchea.

Al mismo tiempo hay corrientes opuestas al ANC que han evolucionado en una dirección distinta. Durante algún tiempo la mayor de éstas fue el Congreso Panafricanista (PAC), establecido en 1959 por una agrupación que se escindió del ANC.

El PAC contaba con un importante número de partidarios

dentro de Sudáfrica en los años sesenta, y jugó un papel notable en actividades de protesta contra el apartheid. Pero desde un principio se caracterizó por posiciones anticomunistas y antiobreras. Ya hemos destacado que los fundadores del PAC rechazaron enérgicamente la perspectiva, planteada en la Carta de la Libertad, de una república democrática y no racial en Sudáfrica, con igualdad de derechos para todos los que vivan y trabajen allí, tanto negros como blancos. Contrapusieron a esta perspectiva la de "solamente africanos". Rechazaron la colaboración con revolucionarios blancos y con otros blancos sudafricanos que podrían ser atraídos a las metas democráticas revolucionarias de la lucha contra el apartheid.

Antes de su escisión del ANC, los fundadores del PAC emplearon la táctica de acusar a sus rivales en el ANC de ser comunistas. Algunos condenaron la Carta de la Libertad como un documento inspirado por Moscú.

Hoy día, el PAC no tiene —o tiene muy pocos— seguidores en Sudáfrica. Ha sufrido amargas divisiones internas, y existe casi totalmente en el exilio. Pero esto no impide que sus representantes pretendan hablar en nombre de la revolución sudafricana en eventos y actividades por todo Estados Unidos.

Asimismo, ha habido una evolución entre los que formaban parte del movimiento de la Conciencia Negra y de las masivas luchas estudiantiles en la segunda mitad de los años setenta. Muchos dirigentes y cuadros se han integrado al ANC. El ANC ha respondido con esfuerzos por integrarlos en todos los aspectos de su labor y a todos los niveles de su dirección.

Otros dirigentes del movimiento de la Conciencia Negra han creado la Organización del Pueblo de Azania (Azapo) como rival del ANC. La Azapo es la principal fuerza iniciadora de una agrupación llamada el Comité del Foro

Nacional. La Azapo y el Comité del Foro Nacional condenan la línea del ANC de buscar alianzas con blancos que se oponen al apartheid. Y desde su óptica ultraizquierdista critican la Carta de la Libertad por no plantear demandas socialistas.

También han habido escisiones en el ANC durante los últimos quince años. Hubo una escisión a principios de los años setenta por un ala nacionalista que pretendía presentarse en público como el "ANC (Nacionalista Africano)". Más recientemente hubo una escisión por un ala ultraizquierdista que incluso se presentó durante un tiempo como "La Tendencia Marxista en el ANC". ¡Algunas cosas son iguales en todas partes el mundo!

Los dirigentes del ANC han debatido, han estudiado y han incorporado lecciones de experiencias revolucionarias en otros países. Su evolución política ha sido parte de una evolución internacional, en la que un sector de dirigentes revolucionarios a nivel mundial ha llegado a comprender la diferencia entre los Pol Pot, los Bernard Coard, los Salvador Cayetano Carpio y los Aníbal Escalante, por un lado; y los Fidel Castro y Raúl Castro, los Maurice Bishop y ellos mismos, por el otro.

Se ha visto una evolución en la comprensión del papel de la guerra de guerrillas desde que los dirigentes del ANC tomaron la iniciativa en 1961 de fundar la organización armada Umkhonto we Sizwe (Lanza de la Nación). Gracias a sus experiencias, han llegado a una mejor comprensión de cómo impulsar la lucha armada como parte de una orientación hacia el movimiento de masas, hacia el movimiento obrero y hacia las zonas urbanas, y de cómo la tarea de armar el pueblo surgirá de la voluntad de las masas de organizarse para su autodefensa contra la violencia del estado del apartheid.

El ANC se ha basado en los obreros y los productores del

campo, siendo ésta la única forma de dirigir la revolución nacional y democrática para derrocar el estado del apartheid: una lucha que será dirigida por el pueblo trabajador, si ha de triunfar.

Al mismo tiempo, ha adquirido más experiencia en construir alianzas con liberales de las iglesias y las organizaciones de profesionales. Hay una diferencia cualitativa entre el que busca estas alianzas para compensar por debilidades o para seguir un camino de conciliación, y el que forja estas alianzas para promover un curso revolucionario, desde una posición de ventaja basada en el movimiento de masas. La fuerza del movimiento de las masas trabajadoras contra el apartheid le brinda a la dirección del ANC la confianza para fomentar el desarrollo de organizaciones auxiliares en las cuales fuerzas liberales blancas y negras pueden ser incorporadas con éxito, aun con todos los problemas y complejidades que acompañan tal avance.

El hecho de que ciertos dirigentes eclesiásticos negros y liberales blancos en Sudáfrica apoyen la lucha no es algo que temer. Es un indicio de que se ha acercado el triunfo de la revolución. Cuando algunos liberales burgueses y pequeñoburgueses en Nicaragua empezaron a vincularse con la lucha dirigida por los sandinistas, no era una señal de que los sandinistas abandonaban la batalla revolucionaria por derrocar a Somoza. Era una señal de que se acercaba el triunfo. Lo mismo pasó en Cuba antes de la caída de Batista.

No se trata de predecir cuándo será derrocado el estado del apartheid. Al contrario. No estamos en vísperas de ese acontecimiento histórico, ni sabemos cuándo se logrará. Lo fundamental es que existe una diferencia entre una dirección política que se adapta o se doblega ante el liberalismo, y una dirección que atrae al movimiento —por muchos medios— a las personas de cualquier raza, de cualquier clase, que apoyen *con sus acciones* la lucha revolucionaria.

Esto solo puede hacerlo una dirección que tenga confianza en sí misma. Solo puede hacerlo con total confianza una vanguardia que sea capaz de forjar una dirección multinacional. La decisión reciente de abrir las filas y los organismos directivos del ANC a los individuos de todas las razas que estén en la lucha contra el apartheid señala un avance importante para el ANC. Esta decisión se tomó en la conferencia consultiva del ANC celebrada en Lusaka, Zambia, en junio de 1985. La conferencia decidió expandir el Comité Ejecutivo Nacional de 22 a 30 miembros. Ahora hay dos miembros mestizos, dos asiáticos y un blanco en el CEN.

Durante la mayor parte de su historia el ANC ha forjado alianzas con organizaciones de mestizos y de indios, así como con organizaciones de blancos que apoyaban la lucha. Sin embargo, el ANC era una organización de africanos hasta los años sesenta, cuando empezó a aceptar a mestizos, indios y blancos como miembros de grupos del ANC en el exilio. La organización clandestina dentro de Sudáfrica y todos los organismos directivos aún estaban formados exclusivamente por africanos.

Ahora estas restricciones también han sido eliminadas. Estos cambios reflejan el hecho de que los africanos, mestizos e indios con mayor conciencia política han llegado a considerarse como parte de una sola nación sudafricana naciente. Al tiempo que reconoce que los 24 millones de africanos son y deben ser la espina dorsal de la lucha por la liberación, el ANC ahora busca constituirse como una vanguardia que refleja —en sus filas y en su dirección— la composición de los oprimidos y de todos aquellos que están dispuestos a luchar intransigentemente por derrocar al apartheid.

IV. LA REVOLUCIÓN SUDAFRICANA EN LA POLÍTICA MUNDIAL

Al ver la relación entre la revolución sudafricana y la lucha mundial contra el imperialismo, lo que notamos inmediatamente es que un nuevo aliado de la revolución nicaragüense, un nuevo aliado de Cuba, un nuevo aliado de los combatientes por la liberación en El Salvador, se ha sumado a la batalla. Un nuevo aliado de la revolución en Centroamérica y el Caribe ha entrado resueltamente y a pasos de gigante al campo de batalla.

La revolución sudafricana obliga a los yanquis enemigos de la humanidad a dividir su atención y sus recursos. Aumenta las divisiones tácticas en el seno de la clase gobernante de Estados Unidos sobre qué política seguir, y limita sus opciones. Obliga a la administración Reagan a pagar un precio más elevado por sus acciones y declaraciones más escandalosamente racistas.

Siempre debemos tener presente lo que han explicado una y otra vez los líderes cubanos acerca del papel que jugó la revolución vietnamita dándole un respiro a la revolución cubana. Sin la revolución vietnamita —les recuerdan los cubanos a los pueblos del mundo— la revolución cubana bien podría haber sido derrocada por Washington en los años sesenta.

Hay también un vínculo aún más directo entre Cuba y la revolución sudafricana. Voluntarios cubanos pelearon hombro a hombro con el ejército angolano y repelieron la invasión sudafricana de Angola en 1975 y 1976. Aquel desastre militar para los imperialistas sudafricanos estimuló e inspiró una nueva combatividad entre la juventud de Soweto en 1976. Dio un ímpetu al movimiento revolucionario dentro de Sudáfrica. ¡El estado del apartheid no era invencible!

Un número considerable de gobiernos se pronunció en contra de la burda agresión de Sudáfrica contra Angola. Pero fue *Cuba* la que respondió a la petición de ayuda del gobierno angolano e inmediatamente envió unidades de combate para luchar contra la invasión del ejército del apartheid. Y durante la última década, los voluntarios internacionalistas cubanos han permanecido en sus puestos de combate a petición de Angola. A pesar de todas las presiones y amenazas de Washington, el gobierno cubano ha rehusado retirar su ayuda internacionalista a Angola. Estos hechos se han grabado en la conciencia de los revolucionarios negros de Sudáfrica, Namibia, Angola y de las masas por toda África.

Tanto los obreros y campesinos de África como los imperialistas sienten inmediatamente los vínculos entre la revolución sudafricana y el resto del continente africano. El estado sudafricano es la potencia imperialista cuya tarea especial consiste en ayudar a mantener la subyugación de toda el África austral al imperialismo mundial. La posibilidad de que este estado sea debilitado o hasta derrocado tiene repercusiones enormes para los explotadores, desde Washington hasta París y Tokío.

El avance de la revolución en Sudáfrica también tendrá un impacto en Vietnam, concediéndole un poco más de espacio para maniobrar frente a la presión implacable del imperialismo norteamericano. Fortalecerá la lucha del pueblo palestino por la liberación nacional contra el estado israelí, el cual sirve de aliado del régimen del apartheid.

Dirección proletaria

La lucha nacional y democrática que se desarrolla en Sudáfrica también es decisiva para poder forjar una dirección comunista en ese país. El ANC no es una organización comunista, ni busca serlo. Es una organización democrática revolucionaria, la vanguardia política de la revolución nacional y democrática en Sudáfrica.

Sin embargo, a través de la lucha revolucionaria dirigida por el ANC se forjará y se pondrá a prueba una creciente vanguardia comunista sudafricana. Esto ocurrirá a medida que surjan fuerzas más jóvenes en la lucha, a medida que surjan más y más dirigentes de las filas de la clase obrera. Y al fortalecerse una dirección comunista en Sudáfrica, se fortalecerá su convergencia con fuerzas comunistas a nivel mundial.

El avance de la revolución sudafricana y de su dirección constituye otro cambio objetivo en las posibilidades y las necesidades para la construcción de una vanguardia de la revolución mundial. Marca otro paso más que se aleja de lo que Lenin —refiriéndose a la putrefacta Segunda Internacional— llamaba una Internacional de la raza blanca. Es un paso más hacia el tipo de dirección revolucionaria verdaderamente *mundial* que la Internacional Comunista buscó construir en la época de Lenin. Y esto tiene un efecto importante sobre la cuestión decisiva de la construcción de direcciones comunistas en todos los países donde es esencial el desarrollo de partidos proletarios multinacionales de combate: desde Brasil hasta Canadá, desde Nueva Zelanda hasta Gran Bretaña, y, por supuesto, aquí en Estados Unidos.

El avance de la revolución sudafricana tendrá un impacto en el movimiento comunista por todo el mundo. Es una oportunidad para las fuerzas comunistas de vanguardia en Europa Oriental, para que promuevan la conciencia de clase al situar el internacionalismo proletario en el centro de su programa, y para que aprovechen nuevas oportunidades para entablar lazos con obreros y agricultores en otros frentes de la revolución mundial.

La lucha revolucionaria en Sudáfrica también abre nuevas oportunidades para que militantes clasistas por todo el mundo puedan asimilar lecciones políticas importantes. Contribuye a que la vanguardia comunista se libre de sectarismos ultraizquierdistas que representan un verdadero problema, especialmente en los países imperialistas, y que nuestro movimiento padece.

Dondequiera que los trabajadores estén luchando por sus derechos, se verán atraídos a la lucha libertaria que hoy día libran las masas trabajadoras de Sudáfrica. Mineros británicos, obreros petroleros en Texas, obreros de la confección en Nueva York, electricistas en Toronto, mineros del estaño en Bolivia, obreros automotrices en Brasil, obreros textiles en Bangkok: todos están siendo estimulados por esta revolución. Campesinos que luchan por la tierra y la libertad desde Filipinas hasta Guatemala, agricultores que combaten la esclavitud de las deudas desde Estados Unidos hasta Japón: todos se ven inspirados por la lucha por derrocar al régimen del apartheid.

La lucha contra el apartheid le asesta un golpe a todo reaccionario, y a todo prejuicio reaccionario. Hasta Su Santidad, quien estuvo recientemente en África, tuvo que disculparse humildemente por el papel del cristianismo en organizar el comercio mundial de esclavos. Más vale tarde que nunca.

La respuesta en Estados Unidos

La profundización de la revolución sudafricana, y las posibilidades que abre en Estados Unidos, ayudan enormemente al PST en impulsar la construcción de una dirección comunista multinacional de la clase obrera. Esta tarea histórica está completamente entrelazada con nuestra respuesta a la revolución sudafricana.

Prácticamente no tienen límites el alcance y la magnitud del apoyo en Estados Unidos a esta lucha democrática del pueblo sudafricano. Debemos apartar de nuestra mente toda idea de que hay limitaciones a lo que pueden hacer los que se oponen al apartheid. Debemos pensar en lo que significa cuando leemos en el periódico esta semana que senadores norteamericanos están organizando entre sus colegas una colecta de fondos para reconstruir el hogar de Winnie Mandela, después de que fue incendiado por racistas. ¡Un grupo de políticos capitalistas de los partidos Demócrata y Republicano está recaudando dinero para reconstruir el hogar de la familia que el régimen del apartheid ha tachado de terrorista y comunista! Eso no representa problema alguno, ni para nosotros ni para Winnie Mandela. Es una oportunidad.

En los sindicatos, las puertas están abiertas de par en par para organizar actividades contra el régimen del apartheid. Dada la etapa actual de la política en Estados Unidos, los obreros con conciencia de clase no pueden abrir puertas por su propia cuenta en el movimiento sindical. Las puertas tienen que ser abiertas por fuerzas mucho más poderosas, como por ejemplo por el impacto de la lucha revolucionaria en Sudáfrica. Pero cuando se abren, los obreros conscientes pueden y deben pasar por esas puertas. Y una vez que sucede esto, se hace tanto más difícil que los funcionarios vendeobreros del movimiento sindical puedan cerrar las puertas por completo.

Los acontecimientos en Sudáfrica están teniendo un profundo impacto sobre la clase obrera de Estados Unidos. Muchos sindicalistas, mucha gente trabajadora de toda índole, están llegando a la conclusión de que deben pronunciarse y decir "No" al apartheid. Se ven obligados a hacerlo por un sentimiento fundamental de solidaridad. Se ven obligados a hacerlo no solo para ellos mismos, sino también para sus compañeros de trabajo. La mayoría se ocupaba solo de sus asuntos, sin prestar mucha atención a lo que pasaba en Sudáfrica: eso es verdad en el caso de la mayoría de los trabajadores. Pero ha llegado la hora. La lucha misma nos ha obligado a prestarle atención. El estado del apartheid tiene que ser derribado.

Las masas negras de Sudáfrica se han ganado el derecho a la libertad. El pueblo trabajador negro de África ha tomado este derecho. Nadie tiene derechos simplemente porque esté oprimido. Puede tener una causa moral, pero para ganarse este derecho, para merecérselo, hay que luchar por él. El pueblo sudafricano está ganándose el derecho a la libertad. Y los trabajadores en Estados Unidos, como en todas partes, tienen la obligación de luchar junto con nuestros hermanos y hermanas sudafricanos para derribar a los esclavistas de nuestra época.

El pueblo trabajador en Estados Unidos —negro y blanco— ve esta revolución desde la óptica de sus propias luchas, y con razón. La revolución sudafricana es una revolución que canta *We Shall Overcome* (Venceremos). Es una revolución que exige *Freedom Now* (Libertad ahora).[11] Es una revolución con muchísimo en juego. Y también requerirá de una auténtica Guerra Civil para triunfar. Resulta que existe una correlación de fuerzas de clases y una historia que permite la posibilidad en Sudáfrica de que una dirección similar a la de Malcolm X se convierta en la vanguardia de esta revolución: una dirección proletaria, que comprende la necesidad de ser internacionalista y que está comprometida a derrocar al estado del apartheid por todos los medios necesarios.

Los sindicatos y la lucha contra el apartheid

Los activistas sindicales en el movimiento por una Sudáfrica libre no tienen por qué preocuparse por los motivos de los funcionarios sindicales que se ven obligados a marchar en una manifestación por una Sudáfrica libre. No nos interesan sus motivos. Algunos de estos funcionarios sindicales solo desean que toda persona negra se quede tranquila y callada: en Sudáfrica, y también en su sindicato. ¿Y qué? Algunos solo esperan —como hacen los políticos capitalistas liberales hacia quienes se orientan— que con ciertas reformas el régimen sudafricano encontrará la manera de acabar con todo el asunto.

Pero hay que diferenciar entre lo que ellos desean y lo que, dada la correlación actual de fuerzas, pueden ser persuadidos a *hacer* en apoyo de la lucha por la libertad en Sudáfrica. Es esto lo que ha cambiado, y lo que es decisivo para los obreros que apoyan la revolución sudafricana.

Cuando un funcionario sindical dice algo que contribuye a la lucha por una Sudáfrica libre, los activistas sindicales deberían citarlo. Que lo relaten en las reuniones sindicales locales. Que propongan que sindicalistas sudafricanos y voceros del ANC sean invitados ante una reunión sindical para explicar su lucha, o que se muestre una película o vídeo sobre la lucha contra el apartheid. Que se proponga que el sindicato contribuya fondos para impulsar el movimiento, y que ofrezca el uso del local y sus teléfonos. Que organicen un contingente sindical en manifestaciones.

Los sindicalistas que se oponen al apartheid tienen que demostrar un valor que corresponda a sus creencias, para pasar por estas puertas que se están abriendo hoy en el movimiento sindical. Prácticamente no hay nada que no se pueda hacer hoy día en los sindicatos sobre la cuestión de Sudáfrica. No hay nada que los enemigos del apartheid no puedan proponer, que no puedan instar a otros a que hagan, que no puedan involucrar a otros en ayudar a realizar.

Todo el movimiento avanza bajo una bandera sencilla: ¡Liberar a Nelson Mandela ahora! ¡Libertad en Sudáfrica, no a la esclavitud! ¡Abajo el apartheid! ¡Una persona: un voto! ¡Por una Sudáfrica libre! Estas y otras variaciones serán las consignas del movimiento, y correctamente. Es una lucha política, una lucha por el poder político.

¡Romper todos los lazos de EU!

En el seno de este movimiento hay que hacer todo lo posible por resaltar la importancia central de las demandas dirigidas contra Washington. Es nuestro deber frente a la revolución sudafricana. Ante todo, los luchadores contra el apartheid en Estados Unidos debemos seguir presionando por una meta: un boicot total, una ruptura total con Sudáfrica. ¡Por el cese inmediato de todas las relaciones económicas, diplomáticas, culturales, deportivas y militares, de cualquier tipo, con el estado del apartheid!

Pretoria se ha convertido en un régimen repudiado por el mundo. Es una afrenta a la raza humana. Es el enemigo de los derechos más elementales de los seres humanos. Es la Confederación moderna combinada con el estado fascista de los tiempos recientes. Debe ser boicoteado por todos. Cualquier gobierno que pretenda hablar en nombre de su propio pueblo debe romper inmediatamente todos sus lazos.

Los gobernantes sudafricanos, los que crearon el régimen del apartheid, no son los únicos que están teniendo dificultades al tratar de reformar el régimen del apartheid. También los gobernantes de Estados Unidos, enemigos de la humanidad, están teniendo dificultades al intentar desenredarse de sus homólogos sudafricanos. Sus suertes están entrelazadas.

Hará falta una lucha y movilización titánicas en Estados Unidos para obligar a los gobernantes norteamericanos a romper con el régimen del apartheid. Pero ya se evidencian las divisiones tácticas. Al agudizarse la lucha en Sudáfrica se exacerbarán estas divisiones, como también sucederá ante la movilización en este país de todas las personas que están decididas a tomar acción en contra del apartheid.

¡Liberar a Nelson Mandela!

A veces un solo ser humano, un solo individuo, puede representar mucho. De esto se trata la demanda por la liberación de Nelson Mandela. Es una demanda sencilla, clara, humana. ¡Liberen a este hombre, que ha dado su vida a la lucha por una tierra democrática para todos los que viven en Sudáfrica! ¡Dejen de atacar su hogar! ¡Suéltenlo! ¡Y revoquen la proscripción de Winnie Mandela! ¡Dejen que hable libremente!

Nuestro objetivo, como explicó Marx ante la Asociación Internacional de los Trabajadores, es el de tomar la ventaja moral, de sentar un ejemplo para toda la clase obrera. Nuestra meta consiste en dirigir el movimiento obrero para que tome esta ventaja moral y dirija a toda la humanidad en esta lucha.

Uno de los obstáculos al hacer esto es el tic sectario de pensar que nuestro aporte a esta lucha consiste en explicar que, si la revolución realmente está en marcha en Sudáfrica, entonces se expropiará un montón de propiedad capitalista y estaremos todos luchando por el socialismo. No. Que los reaccionarios y los amigos del apartheid en Washington sean los que traten de convertir eso en el tema del debate. Que sean ellos los que traten de desviar la atención de la lucha democrática para derrocar el apartheid.

A veces les podemos dar a nuestros compañeros de trabajo la impresión de que los socialistas nos entusiasmamos y nos comprometemos realmente a una lucha solo si es por el socialismo, y que realmente no entramos de lleno en las luchas por la democracia. Es un error. No es una actitud comunista; es una actitud sectaria. Y es una actitud que impedirá la construcción de un partido comunista. Lo que nos interesa hoy en Sudáfrica es la lucha política para derrocar al estado del apartheid. Es lo único que permitirá que se ponga en el orden del día la lucha por el socialismo en Sudáfrica.

Tenemos que librarnos de toda idea de que "solo" se trata de una revolución democrática. Que "nuestro papel" solo florece cuando empieza la "verdadera" revolución, la revolución proletaria socialista. No. *Ésta es nuestra revolución*. Es la revolución del pueblo trabajador de Sudáfrica. No hay otra fuerza capaz de dirigirla y de llevarla a cabo de una manera completa y revolucionaria para promover los intereses de la mayoría trabajadora. Es la revolución que los obreros comunistas en todas partes debemos hacer todo lo posible por ayudar y promover, por solidarizarnos con ella y aprender de ella.

La verdad, la realidad del apartheid y de la revolución

Nuestras publicaciones pueden tomar la iniciativa al divulgar la verdad sobre el estado supremacista blanco entre el pueblo trabajador de Estados Unidos. Los obreros y agricultores en este país necesitan los hechos básicos para prepararse para una lucha que exija que el gobierno norteamericano rompa todos sus lazos con el apartheid. Tenemos que quebrar el muro de mentiras y encubrimientos en la prensa imperialista.

Digamos la verdad sobre las leyes de pases.

Digamos la verdad sobre los bantustanes, los sistemas de control de la mano de obra, la violencia y el terror desatado todos los días contra los que luchan por la libertad.

Digamos la verdad sobre el significado de la lucha por la igualdad de derechos para votar.

Digamos la verdad sobre la Carta de la Libertad, resaltando cada uno de sus artículos y explicando lo que significan.

Digamos la verdad sobre el despojo de los derechos

Parte de la columna latina en la manifestación antiapartheid de 100 mil personas en Nueva York, el 14 de junio de 1986.

sindicales más elementales.

Digamos la verdad sobre la lucha heroica de la juventud, de los escolares que les han mostrado el camino a sus padres.

Digamos la verdad sobre las luchas de la mujer en Sudáfrica.

Y no dejemos de decir la verdad sobre el papel que desempeña Cuba ayudando a Angola, ayudando a derrotar el ejército imperialista de Sudáfrica en el campo de batalla, dando así un golpe por la libertad en toda África.

Tenemos que hacer todo esto en un lenguaje claro, con información básica. Nuestro público más importante son nuestros compañeros obreros, así como otra gente que recién empieza a tomar acción en torno a esta cuestión. Nuestros esfuerzos no deben concentrarse en convencer a izquierdistas a que apoyen esta revolución. Ése no es problema nuestro.

Queremos que nuestros compañeros de trabajo consideren *The Militant* y *Perspectiva Mundial* como fuentes constantes de información, de respuestas claras, de explicaciones concretas sobre todos los aspectos del apartheid y de la lucha contra el apartheid. Tenemos que recordar que no hay que imponer nuestra conciencia sobre el pueblo trabajador de Estados Unidos.

Por ejemplo, no debemos partir de la base que los obreros y agricultores comprenden la propaganda acerca de la violencia "de negros contra negros" en Sudáfrica. Los gobernantes están esforzándose —con cierto éxito— por convencer a millones de personas en Estados Unidos de que los negros sudafricanos son un pueblo violento, tribal, atrasado, y que independientemente de los problemas con el apartheid, los negros van a degollarse entre sí si llega a derrumbarse el régimen blanco. Los liberales blancos y gente de clase media de todas las razas —hasta los que consideran repugnante el apartheid, y que pueden ser ganados a la lucha— son especialmente susceptibles a esta imagen de sangre y caos tras la caída del apartheid.

Esta campaña de histeria surte efecto porque, entre otras razones, se alimenta de una raíz racista en Estados Unidos. Tenemos la responsabilidad de tomarla en serio, seguir desmintiéndola, semana tras semana, de una manera clara y no agitadora. Con los hechos. Cada semana deberíamos analizar y explicar un aspecto de esta campaña. La verdad sobre las muertes de los últimos once meses; de las últimas once semanas. Quién ha muerto, y a manos de quién. Debemos desenredar para los obreros la confusión que los periodistas de los diarios burgueses crean conscientemente. Dicen que cuando un policía que es negro trata de matarte a balazos, y antes lo matas tú a balazos, entonces se trata del crimen de "negros contra negros".

Tendremos que explicar las divisiones y conflictos entre los distintos sectores de la población negra, divisiones que los gobernantes del apartheid intentan usar para preservar su dominio. Debemos explicar que el ANC está tratando de dirigir al pueblo para acabar con esta violencia, acabar con las muertes, y establecer una Sudáfrica democrática. El ANC está librando una batalla política contra el jefe de bantustán Gatsha Buthelezi y sus bandas de matones, que realizan ataques contra negros mientras justifican y colaboran con el régimen del apartheid.

Tenemos que explicar por qué los soplones negros del régimen del apartheid son tan detestados por los luchadores por la libertad en Sudáfrica, y con razón. Tenemos que explicar cómo el régimen del apartheid, al igual que todos los regímenes opresivos tanto hoy como a lo largo de la historia, han empleado soplones, no solo para desbaratar las luchas de los oprimidos, sino para facilitar la detención, la tortura y el asesinato de los combatientes por la libertad a manos de las autoridades y los escuadrones terroristas extralegales.

Sería un error subestimar el impacto que tiene la clase dominante con esta campaña sobre la violencia de "negros contra negros" en Sudáfrica. Es una de las armas de propaganda más eficaces, y la usan una y otra vez.

Al mismo tiempo que desmentimos esta campaña, tenemos que explicar la lucha de los negros sudafricanos por establecer una república democrática. Es parte del esfuerzo por encontrar formas populares de explicar el contenido de la dictadura democrática del pueblo trabajador que el movimiento democrático revolucionario sudafricano está luchando por llevar al poder.

Tampoco debemos dar por sentado que nuestros compañeros de trabajo y otra gente en este país entienden por qué los negros sudafricanos se beneficiarán de un rompimiento *total e incondicional* de todas las relaciones económicas, políticas, culturales y de otros tipos entre Estados Unidos y el régimen del apartheid. Los defensores del apartheid, tanto en Sudáfrica como Estados Unidos, fabrican argumentos sofisticados para intentar convencer al pueblo trabajador de Estados Unidos de que la mayoría negra sufrirá a consecuencia de tal boicot, que perderían sus empleos, que las compañías norteamericanas pueden sentar un "buen ejemplo" de trato equitativo y justo, etcétera.

Tenemos que confrontar estos argumentos directamente, explicando claramente por qué son falsos. Tenemos que explicar que un boicot total contra el régimen del apartheid es la demanda planteada por las principales organizaciones que luchan contra el apartheid en Sudáfrica, y que representa la aspiración de la gran mayoría de los negros sudafricanos. Tenemos que explicar que se promueven los intereses legítimos de la población negra con cada medida que debilita al estado del apartheid sudafricano y que acerca el día de su caída.

Lo que vamos a lograr al contestar estas preguntas no solo afectará a los que podemos influenciar directamente. Otras fuerzas en este y otros países —activistas en el movimiento por una Sudáfrica libre, aliados en el movimiento sindical— observarán lo que decimos en nuestra prensa. Notarán cómo hablamos, nuestro tono, nuestro conocimiento de los hechos. Sentará un ejemplo y mostrará el camino para otros.

Cualquier charlatán puede denunciar al apartheid. Pero requiere mucho trabajo desenterrar los hechos, desenredar las mentiras de la clase dominante y —semana tras semana— presentar los argumentos contra el régimen del apartheid de una manera clara y convincente ante los obreros, agricultores y jóvenes de este país.

Un aspecto de esta tarea consiste en destruir el mito de que el estado del apartheid es invencible: la creencia arraigada de que la lucha que se desarrolla hoy día no podrá alcanzar su meta.

El estado del apartheid sudafricano no es invencible. Las tropas cubanas y angolanas que repelieron la invasión sudafricana en 1975 y 1976 demostraron que se puede derrotar al ejército del apartheid. Los sudafricanos negros que luchan por derribar el apartheid están demostrando, cada vez más todos los días, que no es invencible este odiado estado. Pueden vencer, y vencerán.

Confianza en la revolución, confianza en la capacidad de las masas populares de Sudáfrica, confianza en el desarrollo de la dirección de la clase obrera: esto debe servir de ejemplo para todos los partidarios de la lucha contra el régimen del apartheid. La gente entrará en acción porque se convencerá de que es una lucha cuya hora ha llegado. Sí, puede vencer. Sí, vencerá. Sí, es correcto que yo apoye esta lucha y que me incorpore a ella.

RESUMEN DE LA DISCUSIÓN

Al comienzo de la hora del almuerzo, el compañero Charles Aubin, que está aquí en representación del Buró del Secretariado Unificado de la Cuarta Internacional, me pidió que dedicara un rato durante este resumen para exponer mi evaluación de la línea presentada en *International Viewpoint* [una revista editada en París por el Buró del Secretariado Unificado] sobre Sudáfrica. Le dije al compañero Aubin que examinaría algunos de los principales artículos recientes en *International Viewpoint* y plantearía algunas opiniones iniciales. Desde luego, esta evaluación no puede ser completa, ya que se preparó con poco preaviso.

Este informe al Comité Nacional tenía como objetivo delinear las opiniones del Comité Político sobre varias de las cuestiones centrales relacionadas a la revolución sudafricana. Planteamos nuestra posición sin hacer una polémica contra posiciones alternativas que se han planteado. No intentamos preparar ese tipo de informe, y tampoco votaremos sobre esta parte del resumen. Pero nos encargaremos de que todos los camaradas aquí tengan copias de todos los artículos de los cuales voy a citar extractos, para que todos podamos tomar un poco de tiempo para leerlos en las próximas semanas.

Comenzaré con un artículo especial que apareció recientemente, en la edición del 3 de junio de 1985 de *International Viewpoint*. El artículo, que aparece bajo el nombre de Ndabeni, describe lo que califica como una creciente rivalidad entre el Frente Democrático Unido (UDF) y el Foro Nacional (NF). El Foro Nacional incorpora la Organización del Pueblo de Azania (Azapo) y la Liga de Acción del Cabo, las cuales se consideran contrincantes del ANC por la dirección de la lucha contra el apartheid.

Este artículo de *International Viewpoint* explica que

Tropas cubanas internacionalistas (arriba) ayudaron a sacar a los invasores sudafricanos (abajo) de Angola.

tanto el UDF como el Foro Nacional participaron en la campaña contra las elecciones para las legislaturas del apartheid en agosto de 1984. Pero, se queja el artículo: "el aparato publicitario del UDF era más eficaz y se atribuyó casi todo el mérito. Miembros de la Liga de Acción del Cabo y de la Azapo —afiliadas al NF— que pelearon con la policía durante la campaña contra las elecciones, quedaron especialmente fastidiados cuando leyeron en los diarios de la mañana siguiente o cuando vieron por televisión que ellos eran del UDF".

Lo que observamos aquí es un intento por parte de *International Viewpoint* de minimizar el hecho de que el ANC y el UDF —y no el Foro Nacional— cuentan con el mayor número de partidarios en el movimiento de masas. Esto coincide con otros artículos recientes de *International Viewpoint,* que buscan presentar al Foro Nacional y al UDF como rivales más o menos iguales en competencia por la dirección de la lucha, describiendo el Foro Nacional como el grupo que tiene una línea mejor y al UDF como un grupo que frecuentemente está al borde de la traición. Esto es incorrecto desde varios puntos de vista.

El ANC se ha establecido como vanguardia de la dirección amplia de la lucha contra el apartheid. Esto se refleja, entre otras formas, por su capacidad de forjar una alianza con las demás fuerzas que se han adherido a la bandera del UDF. *International Viewpoint* ha de ser la única publicación seria en el mundo que argumenta que el masivo apoyo al UDF y al ANC —cualitativamente mayor que el apoyo al Foro Nacional— es producto de las relaciones públicas y de los contactos con la prensa burguesa. Los artículos que se quejan de que el UDF "se atribuye el mérito" hacen que *International Viewpoint* parezca no solo sectario, sino una fuente poco confiable de información sobre Sudáfrica.

Más adelante, el artículo del 3 de junio repite calumnias que tachan al UDF de violento. Asevera: "Parecería, según la evidencia disponible, que la mayor parte de la provocación [o sea, de los enfrentamientos físicos entre partidarios del UDF y partidarios del Foro Nacional] ha provenido del UDF, que parece empecinado en establecerse como la única organización antiapartheid legítima en el país. Se han producido ataques físicos, no solo contra la Azapo sino contra miembros de la FOSATU [la Federación de Sindicatos Sudafricanos] y de otros sindicatos".

Pero *International Viewpoint* no ofrece la menor indicación de cuál es la "evidencia disponible", ni de dónde proviene. Así no podrá convencer a nadie que no opine de antemano que el ANC obstaculiza el avance de la revolución sudafricana. No hemos visto nunca una pizca de evidencia que justifique tal acusación.

La actitud hostil de *International Viewpoint* hacia el ANC y el UDF continuaba en la edición del 15 de julio de 1985. Un artículo, bajo el nombre de Peter Blumer, aborda lo que considera como un gran problema: la participación de personalidades religiosas y de organizaciones eclesiásticas en el Frente Democrático Unido. Bajo el subencabezado "El juego de los moderados", el artículo habla sobre las divisiones en el seno de la clase dominante sudafricana y entre sus aliados imperialistas ante la problemática de "cuáles medios emplear para evitar un estallido revolucionario en Sudáfrica.

"No solo buscan —dice el artículo— presionar a Pretoria para calmar la situación, sino que intentan dominar una parte del movimiento negro y desviarla. Pretenden dividir el movimiento y atar uno de sus sectores a la perspectiva a largo plazo de buscar una fórmula conciliatoria.

"Actualmente tal proyecto tiene sentido únicamente porque parte del movimiento de masas está dominado por las iglesias, cuyo principal personaje es el Obispo Tutu".

Desmond Tutu es uno de los personajes públicos conocidos que han respaldado al UDF. Esto ha facilitado una mayor participación de miembros de la iglesia en las luchas de masas contra el apartheid. Pero *International Viewpoint* usa este hecho como pretexto para insinuar que los que buscan la participación de los religiosos en el Frente Democrático Unido están jugando "el juego de los moderados".

Por lo tanto, *International Viewpoint* pasa por alto un hecho muy importante respecto a Desmond Tutu y el UDF. Lo que sucede es que las fuerzas democráticas revolucionarias en el UDF están alejando a más gente de las posiciones de Tutu, de su perspectiva liberal, y están atrayéndola a una perspectiva revolucionaria. Esto es obviamente lo que piensa Tutu respecto a cualquier miembro de su iglesia que va demasiado lejos. Es esto lo que le preocupa.

Prosigue el artículo de *International Viewpoint:* "Las iglesias están muy envueltas en el Frente Democrático Unido, donde comparten la verdadera dirección con la corriente 'cartista' [partidaria de la Carta de la Libertad] que apoya al ANC. Sin embargo, tienen muy poca influencia sobre el movimiento sindical…

"Valiéndose de las iglesias sudafricanas opositoras, los partidarios de esta política divisionista intentan empujar al UDF hacia la derecha. Así también podrían someter a prueba al ANC, el cual tendría entonces que escoger entre hacer concesiones para preservar su influencia en el UDF o abandonar esta coalición para poder organizar a sus partidarios".

Ahora llegamos al grano: el UDF va a virar a la derecha. El ANC será "sometido a prueba". O bien virará a la derecha, o bien abandonará al UDF. Según este análisis, si el ANC continúa apoyando al UDF, quedará comprobado que las potencias imperialistas y los gobernantes sudafricanos han logrado dominar al ANC.

Pero no se señala prueba alguna de que el UDF realmente *esté* virando a la derecha. La lucha revolucionaria está impulsando a más fuerzas, incluyendo a muchos funcionarios eclesiásticos, hacia la acción contra el apartheid. Algunos de éstos han ingresado al UDF. ¿Acaso significa que el UDF está virando a la derecha?

Veamos el método que se emplea. Puede ser que el ANC traicionará la lucha, dice *International Viewpoint*. Pues sí. Puede ser que mañana todas las personas en la tercera hilera de esta sala de conferencias se vuelvan en contra de la revolución. Es "posible", ¿no? Pero decir esto es un poco desconcertante. ¿Qué es lo que han hecho estos compañeros en la tercera hilera para que alguien crea que van a abandonar el movimiento revolucionario? Aquí están hoy, participando en la discusión. Son luchadores revolucionarios. ¿Por qué escogerlos a ellos? ¿Por qué empezar a hacer conjeturas sobre lo que podrían hacer? ¿Qué aspecto de su actividad, de su actitud, de sus posiciones, harían que alguien diga esto?

¿Qué es lo que ha dicho, publicado o *hecho* el ANC para que *International Viewpoint* se ponga a hacer conjeturas sobre concesiones sin principios?

International Viewpoint ha hecho acusaciones aún más graves contra el UDF y el ANC en relación a la visita que realizó el Senador Edward Kennedy a Sudáfrica hace unos meses. Kennedy, un político del Partido Demócrata, visitó Sudáfrica a invitación del Reverendo Allan Boesak, uno de los dirigentes del UDF y un mestizo. La Azapo se opuso a esta visita, denunciando tanto a Kennedy como a los que hablaron en la misma tribuna con él en mítines contra el apartheid en Sudáfrica.

International Viewpoint hizo notar que "Winnie Mandela, esposa del dirigente encarcelado del ANC, también era una de los partidarios de esta gira, y ella aceptó del senador un busto de John F. Kennedy". (No discutamos cómo se equivocaron con los hechos. No era un busto de John Kennedy, sino de Robert Kennedy, quien hizo una visita con mucha publicidad a Soweto hace 19 años; los demócratas liberales lo describen como héroe del movimiento por los derechos civiles en Estados Unidos, porque él ocupaba el puesto de procurador general durante el apogeo de las enormes batallas por los derechos civiles en los años sesenta.)

Winnie Mandela "aceptó" el busto. ¿Qué debería haber hecho con el busto? ¿Haberlo rechazado? ¿Debería haberse negado a hablar con Kennedy?

International Viewpoint comenta sobre la visita de Kennedy bajo el subencabezado "Dividiendo el movimiento de los oprimidos". Afirma que la visita de Kennedy era un intento imperialista de dividir las fuerzas que luchan contra el apartheid. "No obstante, fuerzas tales como la AZAPO, un grupo de la corriente de la Conciencia Negra que es rival del UDF, así como el Comité del Foro Nacional y algunos sindicatos, consideraron al senador como un agente imperialista y no apoyaron este operativo". (*International Viewpoint* no dice cuáles sindicatos, ni cuáles organizaciones aparte de la Azapo y del Foro Nacional, adoptaron esta posición.)

Empecemos con lo más simple: Kennedy es un conocido político burgués de una familia burguesa. No es un "agente" de los imperialistas; él mismo es un imperialista. No es ningún secreto.

International Viewpoint describe esta visita como un "operativo", insinuando que se trata de un complot destinado a la interferencia. ¿Pero a quién hay que responsabilizar de este "operativo"? ¿A Winnie Mandela? ¿A Allan Boesak? ¿A otros personajes destacados que están asociados con el UDF y que invitaron a Kennedy? Afirma *International Viewpoint*: "En medio de un debate político candente entre las diversas corrientes, entre los diversos sindicatos y el UDF, etcétera, fue muy bien escogido el momento para realizar la visita de Kennedy a fin de exacerbar los conflictos".

Uno puede estar de acuerdo o estar en desacuerdo con las tácticas de Winnie Mandela y de Allan Boesak, y de los demás que invitaron a Kennedy. ¿Pero cuál era su objetivo? Invitar a Sudáfrica a un miembro de un partido opositor burgués de otro país quien ha exigido públicamente que el gobierno norteamericano imponga sanciones contra Sudáfrica. Tenían como objetivo no solo fomentar actividades públicas contra el apartheid en Sudáfrica, sino además encontrar una manera de comunicarse con el pueblo norteamericano recordándole que el gobierno de Estados Unidos respalda el régimen del apartheid con la complicidad del Congreso. El Congreso norteamericano no ha hecho nada para maniatar a Reagan.

International Viewpoint no menciona lo que dijo Winnie Mandela en público sobre la visita de Kennedy. "Jamás hemos soñado que nuestra salvación está en manos ajenas", explicó. "Creemos que nuestra salvación está en nuestras manos. No creemos que [Kennedy] necesariamente pueda producir cambios reales, pero sí creemos que él podría aprovechar su visita de una manera positiva al regresar a su país, poniendo al público norteamericano al tanto de las condiciones en este país".

Ninguna persona seria asevera que Fidel Castro participa en un operativo imperialista cuando invita a políticos burgueses, tanto demócratas como republicanos, a que visiten Cuba y que se reúnan con dirigentes cubanos. Los cubanos esperan que así estos políticos se verán estimulados a decir algo en público a favor de la normalización de relaciones entre Estados Unidos y Cuba. A ningún revolucionario le cuesta entender el valor de hacer esto. ¿Pero por qué Winnie Mandela no puede hacer algo similar sin verse difamada en las páginas de *International Viewpoint* como partícipe consciente o inconsciente en el "operativo Kennedy"? ¿Acaso los luchadores contra el apartheid no deberían tratar de aprovechar las divisiones entre los políticos burgueses, tanto en Sudáfrica como entre sus aliados imperialistas?

International Viewpoint presenta a la Azapo como una organización que puede reclamar por lo menos con el mismo derecho que el ANC el manto de la dirección de la revolución sudafricana. Si ni el pueblo negro de Sudáfrica ni el resto del mundo están de acuerdo, entonces ha de ser porque el ANC cuenta con un mejor aparato de relaciones públicas. *International Viewpoint* también difunde acusaciones —sin dar pruebas— de que el UDF es responsable por provocaciones físicas. Encima de eso, hace insinuaciones en contra de dirigentes del ANC y del UDF acerca del "operativo Kennedy".

¿Cómo van a responder los luchadores revolucionarios por todo el mundo que lean estas acusaciones en las páginas de una de las principales publicaciones de la Cuarta Internacional en idioma inglés? ¿Cómo van a reaccionar los obreros que empiezan a participar en el movimiento por una Sudáfrica libre? No es Winnie Mandela la que queda desprestigiada por este tipo de materiales. Su prestigio mana de su voluntad inquebrantable de combatir al apartheid hasta que sea derrocado.

El carácter de la revolución

¿Cómo se explica la hostilidad política de *International Viewpoint* frente a la trayectoria del ANC, así como su atracción a grupos como la Azapo? A mi juicio, se explica por la línea ultraizquierdista y sectaria que *International Viewpoint* ha mantenido durante el último período sobre el carácter de la revolución sudafricana. *International Viewpoint* ha argumentado —aunque generalmente no de una manera directa o clara— que lo que está al orden del día no es una revolución democrático-burguesa dirigida por el pueblo trabajador, sino una revolución socialista proletaria. No una dictadura democrática del proletariado y del campesinado, sino la dictadura del proletariado.

Un buen ejemplo de esto es un artículo especial en el número del 10 de diciembre de 1984 de *International Viewpoint*, firmado por Peter Blumer y Tony Roux.[12]

Entre otras cosas, este artículo se dedica a argumentar que Sudáfrica no es de ninguna manera un país imperialista, sino un "país semiindustrializado dependiente", un término que también aplicarían a países semicoloniales como Argentina o México. Se podría decir que la cuestión de si la clase gobernante sudafricana es o no imperialista, no es más que una cuestión teórica. Pero esta cuestión teórica tiene mucho que ver con las cuestiones políticas que estamos debatiendo aquí.

Según los artículos de *International Viewpoint*, en primer lugar tenemos que entender que Sudáfrica es una "sociedad capitalista semiindustrializada, dependiente de las inversiones y ayudas imperialistas, y a pesar de un importante desarrollo industrial, sigue a la merced de los altibajos de sus exportaciones de oro".

La afirmación de que Sudáfrica depende de la ayuda económica imperialista es falsa, ni más ni menos. ¿Cuál fue la última vez que Sudáfrica recibió ayuda económica? Es más, Sudáfrica no está completamente a la merced de las fluctuaciones en el precio del oro. La economía sudafricana no es una economía basada en la "monocultura", enfrentando el desastre que sufren muchos países semicoloniales al caer el precio de su único producto importante de exportación.

International Viewpoint luego intenta demostrar que la estructura de clases en Sudáfrica hoy día exige que la revolución en ese país sea socialista, en lugar de ser democrático-burguesa. "El proletariado industrial y minero constituye desde ahora —dice *International Viewpoint*— la fuerza motriz del proceso de unificación de los oprimidos y explotados en el marco de la lucha nacional por la conquista del derecho a constituir una sola y única nación, hoy impedido por la política del apartheid y los bantustanes. Así pues, para conseguirlo habrá que barrer el apartheid y la dominación capitalista".

Pero esto no atina en el punto fundamental. Para conseguirlo, habrá que *derrocar el estado del apartheid*. Esto será una revolución democrática. Éste es el objetivo por el cual lucha el ANC. Y eso sí barrerá con el apartheid.

Pero no barrerá con las relaciones capitalistas. Iniciará una situación que, según la describió correctamente uno de los compañeros durante nuestra discusión, será "incómoda" para los capitalistas. En efecto, les resultará incómoda, debido a la distribución tan indecorosa de la riqueza en Sudáfrica. Pero será problema de los gobernantes. No será incómodo para los obreros y campesinos, quienes irán hasta donde les permitan sus fuerzas.

La conexión entre barrer con el régimen del apartheid y barrer con el capitalismo es más que la simple palabra "y" en una oración. Las dos tareas no son idénticas, y la primera no puede reducirse a una "etapa" de la segunda. Si la vanguardia no entiende claramente el carácter democrático de la revolución sudafricana, así como la perspectiva de unificar a las masas trabajadoras en la lucha por el poder de estado, entonces la revolución democrática será derrotada. Y en este caso, no existirán las condiciones bajo las cuales se pueda emprender la lucha por la revolución socialista.

El artículo en *International Viewpoint* firmado por Blumer y Roux deja más explícito su punto de vista en las próximas oraciones: "En este contexto específico, la lucha de liberación de las masas negras no puede tomar la forma clásica de la destrucción de un poder colonial impuesto por una dominación extranjera. No puede limitarse a una lucha por reivindicaciones esencialmente democráticas y nacionales. Debe incorporar inmediatamente reivindicaciones sociales cuya dinámica es anticapitalista".

Es cierto que la lucha en Sudáfrica no es una lucha independentista contra un régimen colonial. No es una revolución nacional y democrática en *ese* sentido. El amo imperialista no se encuentra en una metrópoli extranjera, sino en Sudáfrica misma. Sin embargo, la revolución sudafricana que está al orden del día sí será una lucha por demandas democráticas y nacionales. De esto se trata la lucha actual.

¿No es cierto que esta revolución nacional y democrática en Sudáfrica incorporará "reivindicaciones sociales cuya dinámica es anticapitalista"? Sí. La participación creciente del movimiento sindical en la revolución democrática significa que en esta revolución se reivindicarán y se conquistarán derechos obreros y mejores condiciones para el pueblo trabajador. Y éstas no son las únicas demandas sociales que se reivindicarán. La Carta de la Libertad plantea una campaña de alfabetización, salud pública gratuita para todos, licencia por maternidad totalmente pagada, reducciones de alquileres, etcétera. Propone la nacionalización de toda la minería en Sudáfrica, y de toda la tierra cuyo subsuelo contiene depósitos minerales. También aboga por la nacionalización de los sectores monopólicos del capital y de la banca.

La Carta de la Libertad no es un programa socialista. No aboga por la nacionalización de toda la industria, ni por la expropiación de la burguesía, ni por la dictadura del proletariado. Pero sí plantea demandas sociales que afectan el bienestar y la organización de todo el pueblo trabajador.

Esto es lo que reivindica el programa del ANC. El ANC

se ha construido durante los últimos 30 años en base a este programa, y lo ha reafirmado una y otra vez. Uno podría decir que los dirigentes del ANC no van a ponerlo en práctica. Pero me permito decir que, si tienen la capacidad y la voluntad para dirigir al pueblo trabajador y derrocar el estado sudafricano —lo cual será uno de los triunfos más grandes para la humanidad en la época contemporánea—, entonces probablemente pondrán en práctica su programa. Esto exigirá una poderosa revolución. Pero *no* una revolución socialista.

"En tal situación —continúa *International Viewpoint*— es imposible concebir la organización de un movimiento de liberación nacional clásico, similar a los que han aparecido en las luchas anticoloniales en sociedades mucho menos industrializadas y que se han basado, fundamentalmente, en masas campesinas y plebeyas".

¿Pero por qué la revolución sudafricana no puede ser dirigida por un movimiento como el Movimiento 26 de Julio, que dirigió la revolución que tumbó la dictadura de Batista y que abrió el camino hacia un gobierno obrero y campesino en Cuba? ¿Por qué no?

Este mismo artículo del 10 de diciembre de 1984 en *International Viewpoint* argumenta que la "corriente cartista" —los que se basan en el programa de la Carta de la Libertad— "reivindica una etapa democrática en el proceso revolucionario". En cambio, el Foro Nacional y la Azapo se presentan como alternativa "a la corriente 'cartista', oponiéndole un programa más radical, explícitamente socialista".

International Viewpoint considera como un problema el hecho de que los cartistas proponen una "etapa democrática en el proceso revolucionario". Más exactamente, el ANC reivindica una revolución democrática. Nosotros también. Una *revolución democrática*.

International Viewpoint rechaza la posibilidad del triunfo de una revolución nacional y democrática en Sudáfrica. Indica que solo una revolución que establezca la dictadura del proletariado, un estado obrero, podrá acabar con el apartheid. Esto lleva a la conclusión de que el ANC ni podrá dirigir ni dirigirá la lucha por derrocar el estado del apartheid, ya que su programa es la Carta de la Libertad y no un programa socialista.

Pero una dirección comunista no puede desarrollarse en Sudáfrica si intenta saltar por encima de la revolución democrática para llegar más rápidamente a la revolución socialista. Solo se podrá forjar un partido comunista en Sudáfrica pasando por la lucha por dirigir la revolución democrática, por llevar a cabo su programa mínimo.

El número del 22 de abril de 1985 de *International Viewpoint*, en un artículo por Ndabeni, continúa por el mismo camino: "Si bien los cartistas consideran la lucha por la liberación nacional como una meta de por sí, el Foro Nacional se interesa más en un ataque directo al sistema capitalista... La liberación nacional en sí, plantea el Foro, no ha ayudado mucho a los trabajadores oprimidos en la mayoría de los países africanos. La lucha contra el apartheid no es más que un punto de partida para el esfuerzo de liberación".

¿"La liberación en sí" no ayuda a los "trabajadores oprimidos"? Los "trabajadores oprimidos" que están a la vanguardia de la lucha por "la liberación en sí" —en Sudáfrica, en América Latina o en Asia— no ven las cosas de ese modo. Para los sudafricanos negros, el liberarse del apartheid es una meta por la cual vale la pena luchar y morir. No es simplemente un "punto de partida". Es una confrontación histórica que, de no triunfar, imposibilitaría el avance de la humanidad en Sudáfrica. Por lo tanto, requiere de la participación cabal de todo obrero con conciencia de clase en la vanguardia de la lucha democrática.

El artículo de *International Viewpoint* contrapone "un ataque directo al sistema capitalista" a la lucha por derrocar el estado del apartheid. Veamos cuáles son los elementos que se confunden aquí. La lucha por el poder político, el derrocamiento del estado del apartheid, es una tarea política concreta. ¿Pero qué es, en términos políticos, un "ataque directo al sistema capitalista"? ¿Cómo hace uno para lograr eso en Sudáfrica? El resultado lógico es que se opone la consigna de una Sudáfrica socialista a la lucha por llevar al poder una república democrática y no racial, basada en los obreros y campesinos sudafricanos. Esto no es más que sectarismo de ultraizquierda en la Sudáfrica actual.

Estos artículos coinciden con la resolución adoptada por la mayoría del Secretariado Unificado en enero de 1983 y publicada en *International Viewpoint* en su edición del 7 de marzo de 1983. Yo no estaba de acuerdo con esta resolución en aquel entonces, y creo que los artículos que ha publicado *International Viewpoint* —que elaboran la posición planteada en la resolución— dan muestras convincentes de que hay que corregir esta línea.

Esta resolución comete otro grave error, que también se refleja en los artículos de *International Viewpoint*. La resolución afirma que la dirección del ANC está "dominada por el Partido Comunista". Dejemos a un lado el hecho de que esta acusación es falsa y pretende respaldar la acusación de que el ANC "se orienta hacia la colaboración con sectores de la población blanca liberal". Ya hemos discutido esa cuestión política.

Pero la afirmación de que la dirección del ANC está dominada por el Partido Comunista es un error de otro tipo. No hace más que dar ventaja a los anticomunistas. Es una de las acusaciones que repiten constantemente los que se oponen al ANC. La aprovecha el régimen para justificar la proscripción del ANC y la detención de Nelson Mandela y de otros dirigentes del ANC. Es una acusación que jamás debería repetirse en las páginas de una publicación de la Cuarta Internacional ni de cualquier otra organización que se opone al apartheid.

Resolver la cuestión de la tierra

Una de las preguntas que se plantearon durante la discusión era si la revolución confiscará la tierra de los pequeños agricultores blancos explotados en Sudáfrica. ¿Es así como se obtendrá la tierra para los africanos desposeídos que quieren ser agricultores? No. El ANC no propone quitarles tierra a los agricultores blancos que trabajan su tierra. Al contrario. El ANC asegura que *no* les quitará tierra a los agricultores explotados, sean blancos o negros.

¿De dónde provendrá la tierra? De la expropiación de los expropiadores, o sea, de los grandes agricultores y terratenientes capitalistas que explotan mano de obra. La revolución no expropiará la tierra de los pequeños agricultores. La revolución le garantizará la tierra a toda persona —independientemente de su raza— que quiera trabajarla y hacerla producir.

La historia nunca decide de antemano la división exacta de la tierra. Pero la historia siempre nos ha enseñado lo siguiente: que los campesinos que quieren trabajar la tierra tomarán la tierra para trabajarla. Los mineros, los obreros fabriles y agrícolas negros que quieran ser agricultores, tomarán la tierra para trabajarla.

No se puede hacer a un lado la tarea de permitir la producción agrícola para el mercado por parte de los que quieren ser agricultores y ganaderos. No se puede saltar por encima de la lucha revolucionaria destinada a dar acceso a la tierra para posibilitar el desarrollo de la nación sudafricana. Todo intento de hacerlo —digamos, tomando medidas inmediatas para crear fincas estatales y cooperativas obligatorias como la forma predominante de explotación agrícola— sería un desastre utópico y ultraizquierdista.

El ANC y los liberales

Otra cuestión que surgió durante la discusión tiene que ver con lo que a veces se describe erróneamente como la alianza entre el ANC y los liberales, especialmente los liberales blancos. Fundamentalmente, lo que separa al ANC de los liberales es que el ANC busca derrocar el estado. Los liberales no buscan derrocar el estado. Jamás. El programa del ANC no es un programa liberal. Es un programa democrático revolucionario. No le demos demasiado mérito al liberalismo. El liberalismo no es revolucionario, ni siquiera cuando "solo" se trata de una revolución democrática y no una revolución socialista. Los liberales no eran revolucionarios en Rusia zarista, ni en Cuba batistiana, ni en Nicaragua somocista.

Al agudizarse la crisis revolucionaria algunos liberales se ven impulsados hacia el movimiento de masas. Nunca pueden hacer avanzar al movimiento, pero pueden ser atraídos hacia él. Una dirección política a la vanguardia de la revolución democrática tiene la responsabilidad de encontrar las formas de aprovechar este apoyo, de organizarlo para fortalecer la lucha revolucionaria.

El ANC colabora con las organizaciones antiapartheid más amplias, de las cuales la mayor es el UDF. El ANC acepta el respaldo de toda persona que esté dispuesta a *actuar* en apoyo a la lucha por realizar el programa democrático revolucionario. El UDF cuenta con un gran número de liberales, incluyendo a muchos religiosos, que se oponen al sistema del apartheid.

El ANC se esfuerza por reclutar a gente de estas otras organizaciones y corrientes políticas que participan en la lucha. Pero el ANC no es una organización liberal. Algunos militantes del ANC empezaron como liberales, pero si permanecen en el ANC, terminan convirtiéndose en revolucionarios.

La dirección predominantemente africana del ANC, según hemos ya observado, alcanzó un grado de fuerza que le dio la confianza para abrir sus filas —al interior y al exterior del país— a las personas de todas las razas que demuestren su capacidad de actuar como parte de una organización revolucionaria. Todos estos individuos pueden aspirar a responsabilidades de dirección, las cuales pueden ganarse tras demostrar a sus compañeros que son capaces de asumirlas.

Respecto a esto, tenemos que mantenernos alertas ante la idea "nueva" de que las alianzas con los liberales ahora son la clave de la revolución mundial. Algunos autodenominados marxistas han planteado que ésta es una de las principales lecciones de las luchas revolucionarias recientes, especialmente en Nicaragua. Afirman que el aporte más valioso que hizo el FSLN al marxismo es lo que, según ellos, fue la política sandinista de alianzas con la burguesía liberal, las fuerzas liberales en la iglesia, etcétera. Los sandinistas supuestamente han omitido de su vocabulario los términos anticuados tales como "clase obrera", "campesinado", "capitalista" o "terrateniente". Hallaron formas más populares de hablar, forjaron una alianza con los liberales, y tomaron el poder.

Claro que esto no es lo que ocurrió realmente en Nicaragua. El FSLN dirigió a los obreros y campesinos en una lucha revolucionaria para derrocar a Somoza. Al agudizarse la crisis revolucionaria, algunos liberales aceptaron la dirección del FSLN. El FSLN nunca dio apoyo político a un partido burgués, y mucho menos se integró a un partido burgués. Tampoco el ANC.

Así que, cuando cierta gente habla de una "alianza con los liberales" en Sudáfrica, hay que exigir que sean más exactos. No existe, ni puede existir, una alianza política entre el ANC y el liberalismo. Fue el rechazo de toda subordinación al liberalismo lo que permitió que el ANC comenzara a asumir la dirección de la lucha revolucionaria en Sudáfrica.

El negar que el ANC es la vanguardia de la lucha contra el apartheid tiene sentido únicamente si existe un error fundamental en la trayectoria estratégica del ANC. Ese hecho simplemente no puede ser refutado por alguna otra razón: ni por su tamaño, ni por su influencia, ni por su capacidad de combate, ni por su apoyo popular. Solo puede ser refutado en serio por los que —como la Azapo— están en desacuerdo con el carácter de la revolución que el ANC busca dirigir.

El papel de los sindicatos

Algunos contrincantes del ANC han intentado contraponer la dirección que va surgiendo en los sindicatos raciales al papel de vanguardia política que ocupa el ANC. Pero aquí hay trampa.

Rechazamos cualquier concepto obrerista o sindicalista que le otorgue a los sindicatos un papel que realmente no desempeñan, ni pueden desempeñar, como vanguardia política *alternativa* en la revolución nacional y democrática de Sudáfrica. Son sindicatos obreros, que luchan por el derecho de representar los intereses de los obreros. Luchan por transformarse en instrumentos de combate para sus miembros, y para el conjunto de la clase obrera y del pueblo trabajador explotado. Están luchando y buscando una perspectiva política más amplia.

No son organizaciones auxiliares de un frente democrático revolucionario. No son secciones del ANC. Han surgido de la lucha de los obreros negros, y su relación a la lucha política que está transformando al país está evolucionando.

El ANC no pretende dirigir la mayoría de los principales sindicatos. No dirige la mayoría de ellos. Pero tampoco hay ni una sola corriente política alternativa que juegue un papel dirigente en los sindicatos no raciales. Al profundizarse la lucha democrática revolucionaria, seguirá creciendo la autoridad del ANC en el seno del movimiento obrero. Los sindicatos mismos se desarrollarán, y surgirán nuevos líderes proletarios de sus filas. La situación evoluciona en esa dirección.

La envergadura de las tareas

Tenemos que entender a cabalidad la envergadura de las tareas que confrontan a la dirección de la revolución nacional y democrática en Sudáfrica. Tenemos que deshacernos de toda idea de que estas tareas pueden cumplirse a corto plazo.

La dictadura democrática revolucionaria del proletariado y campesinado sudafricano enfrentará la tarea de crear una nación y un estado-nación. La tierra tiene que ser liberada para que el pueblo pueda trabajarla. Esto lo ha impedido el estado imperialista y colonial del apartheid que se ha construido en ese país. Figurémonos que las únicas fincas en Estados Unidos fueran las de los descendientes de las familias puritanas originales que colonizaron el país, y que los inmigrantes que inundaron el país en los siglos posteriores hubieran sido expulsados de la tierra y excluidos jurídicamente de la agricultura. Esto nos da una idea de la magnitud de lo que el apartheid ha impedido.

Sin liberar la tierra, no puede nacer la nación. Esto es lo que le da tanta importancia a la relación entre la lucha por la tierra y la lucha por la liberación nacional. Y esto es lo que hace tan decisiva la alianza obrero-campesina. Es esta alianza de la población proletarizada, la alianza del pueblo trabajador de Sudáfrica, la que debe forjarse.

La revolución democrático-burguesa en Sudáfrica abrirá el camino a la resolución de estas tareas históricas.

¡Romper todos los lazos de EU con el apartheid!

La situación que ahora se nos va presentando debería ayudar al Partido Socialista de los Trabajadores a comprender aún mejor lo que hemos conquistado en los últimos cinco años. El partido ha quedado bien situado para poder realizar estas tareas, gracias a nuestro giro a los sindicatos industriales.

Hemos logrado hacer más que entrar a los sindicatos industriales. También hemos logrado enfocarnos en llevar la política a los sectores más amplios de nuestra clase y a los oprimidos *a través* del movimiento sindical; hemos logrado basarnos en los sindicatos para poder ir más allá. Es gracias a esta base que hemos empezado a entrar en contacto, de una forma modesta, con pequeños agricultores y sus organizaciones. Es con esta base que hemos venido trazando la trayectoria estratégica cuyo objetivo es derrocar el régimen capitalista.

Al llevar a cabo esta perspectiva en Estados Unidos, hemos profundizado nuestras relaciones con otros que se plantean el mismo camino en otras partes del mundo. Hemos empezado a deshacernos de los obstáculos que traíamos a cuestas por nuestra anterior existencia semisectaria, la cual nos fue impuesta al inicio de la guerra fría, de la cacería de brujas anticomunista, y del reflujo político del movimiento obrero. Así, hemos empezado a proyectarnos hacia afuera, siguiendo un eje proletario.

La cuestión política decisiva es la que se resaltó durante esta discusión. *Hará falta una enorme batalla para romper los lazos entre el gobierno de Estados Unidos y el régimen sudafricano.* El rompimiento de estos lazos es la tarea que le corresponde al pueblo de Estados Unidos. Es una tarea de la vanguardia comunista en este país. Hoy estamos mejor preparados que nunca para comprender esta tarea, prepararnos para ella, y actuar para llevarla a cabo.

No será fácil. Los gobernantes están decididos a impedirlo. Están a la ofensiva: en Centroamérica, en el Caribe, en su campaña de militarización, en su ofensiva contra los derechos y las condiciones de vida en Estados Unidos. Dada la correlación de fuerzas y lo que han logrado en los últimos años, están decididos a impedir la ruptura de sus vínculos con el régimen del apartheid. Ellos comprenden que, de ocurrir eso, afectaría no solo a Sudáfrica, no solo al continente africano, sino al mundo entero, incluyendo a este país.

Los gobernantes norteamericanos resistirán al movimiento que busca una ruptura con Sudáfrica. Emplearán sus enormes medios propagandísticos. Manejarán el anticomunismo. Buscarán dividir y desbaratar el movimiento, y manipular todos los temores y prejuicios racistas sobre los "horrores" que acompañarán el gobierno de la mayoría.

Tenemos que sentar un ejemplo respondiendo a su propaganda. Tenemos que organizarnos para explicar la verdad: los hechos concretos sobre el apartheid, la vida cotidiana de los negros bajo el apartheid. Tenemos que explicar por qué todo ser humano debe apoyar la lucha por derribar aquél sistema.

Siempre debemos plantear, ante todo, la demanda de que Washington rompa sus lazos con el régimen del apartheid. Que rompa sus lazos económicos. Que rompa sus lazos políticos. Que rompa sus lazos militares. Que rompa todos sus lazos. El gobierno en Washington debe romper con el estado del apartheid. Su negativa a romper sus vínculos es intolerable para la humanidad. Es intolerable para el pueblo de Estados Unidos.

El régimen del apartheid es repudiado por el mundo entero. Estamos entrando a una batalla mundial por enfocarnos en esta meta sencilla, clara, popular e históricamente decisiva.

Al luchar por esta meta, de esta manera, podremos lograr lo más posible, tanto para los compañeros en Sudáfrica como para las luchas del pueblo trabajador y de los oprimidos en este país.

Marcha en Sudáfrica en apoyo al Frente Democrático Unido (UDF), la organización más grande que lucha contra el apartheid.

La Carta de la Libertad

Preámbulo

Nosotros, el pueblo de Sudáfrica, declaramos para conocimiento de todo nuestro país y del mundo:

Que Sudáfrica pertenece a todos los que viven en ella, negros y blancos, y que ningún gobierno puede reivindicar legítimamente la autoridad si no se basa en la voluntad de todo el pueblo;

Que nuestro pueblo ha sido despojado de su derecho patrimonial a la tierra, la libertad y la paz por un gobierno fundado en la injusticia y la desigualdad;

Que nuestro país jamás será próspero o libre mientras todo nuestro pueblo no viva en la hermandad y no goce de derechos y oportunidades iguales;

Que solo un estado democrático, basado en la voluntad de todo el pueblo, puede asegurar a todos los ciudadanos sus derechos patrimoniales, sin distinción por motivos de color, raza, sexo o creencia;

Por consiguiente, nosotros, el pueblo de Sudáfrica, negros y blancos unidos —iguales, compatriotas y hermanos—, aprobamos esta Carta de la Libertad, y nos comprometemos a luchar juntos, sin escatimar esfuerzos ni valor, hasta que hayamos conquistado los cambios democráticos aquí proclamados.

¡El pueblo gobernará!

Todos los hombres y mujeres tendrán el derecho a elegir y ser elegidos para todos los órganos legislativos;

Todo el pueblo tendrá derecho a tomar parte en la administración del país;

El pueblo gozará de igualdad de derechos, sin distinción de raza, color o sexo;

Todos los órganos, juntas asesoras, consejos y autoridades del gobierno minoritario serán reemplazados por órganos democráticos de autogobierno.

¡Todos los grupos nacionales tendrán los mismos derechos!

Todos los grupos nacionales y las razas serán iguales ante los órganos del estado, ante los tribunales y en las escuelas;

Todos tendrán el mismo derecho a emplear sus propios idiomas y a desarrollar su cultura y costumbres populares propias;

Todos los grupos nacionales gozarán de la protección de la ley contra el ultraje a su raza y a su orgullo nacional;

La prédica y la práctica de la discriminación y del desprecio, por razones de nacionalidad, raza o color, serán un delito punible;

Se dejarán de lado todas las leyes y prácticas de apartheid.

¡El pueblo compartirá la riqueza del país!

La riqueza nacional de nuestro país, patrimonio de todos los sudafricanos, será restituida al pueblo;

La riqueza mineral del subsuelo, los bancos y las industrias monopólicas, serán propiedad de todo el pueblo;

Todas las demás industrias y el comercio serán controlados para que contribuyan al bienestar del pueblo;

Todos tendrán iguales derechos de comerciar donde elijan, dedicarse a la fabricación e ingresar en todas las ocupaciones, oficios y profesiones.

¡Compartirán la tierra quienes la trabajan!

Se pondrá fin a las restricciones de la propiedad de la tierra basadas en la raza, y toda la tierra se redistribuirá entre quienes la trabajan, para erradicar el hambre y la sed por poseer tierra;

El estado ayudará a los campesinos con implementos, semillas, tractores y diques, para conservar el suelo y ayudar a quienes lo cultivan;

Se garantizará la libertad de movimiento a toda persona que trabaje la tierra;

Todos tendrán el derecho de ocupar tierras donde elijan;

Nadie será despojado de su ganado, y se abolirán el trabajo forzado y las prisiones agrícolas.

¡Todos serán iguales ante la ley!

Nadie será encarcelado ni deportado, ni su libertad restringida sin juicio previo imparcial;

Nadie será condenado por orden de ningún funcionario del gobierno;

Los tribunales serán representativos de todo el pueblo;

Solo se encarcelará a las personas por delitos graves contra el pueblo, y el encarcelamiento tenderá a reeducar, no a vengar;

La fuerza policial y el ejército estarán abiertos a todos indistintamente y ayudarán y protegerán al pueblo;

Toda ley que discrimine basándose en la raza, el color o el credo será derogada.

¡Todos gozarán de iguales derechos humanos!

La ley garantizará a todos su derecho a hablar, organizar, reunirse, publicar, predicar, practicar su culto y educar a sus hijos;

La intimidad del hogar será protegida por ley contra las incursiones policiales;

Todos serán libres de viajar sin restricciones del campo a la ciudad, de provincia a provincia y de Sudáfrica al extranjero;

Las leyes de pases, los permisos y toda otra ley que restrinja la libertad de circulación serán derogadas.

¡Habrá trabajo y seguridad!

Quienes trabajen serán libres de formar sindicatos, de elegir sus dirigentes sindicales y de pactar salarios con sus empleadores;

El estado reconocerá el derecho y el deber de todos a trabajar y obtener todas las prestaciones de desempleo;

Los hombres y las mujeres de todas las razas recibirán igual remuneración por trabajo igual;

Habrá una semana de trabajo de 40 horas, un salario mínimo nacional, vacaciones anuales pagadas y licencia por enfermedad para todos los trabajadores, así como licencia por maternidad totalmente pagada para todas las madres que trabajen;

Los mineros, trabajadores domésticos, trabajadores agrícolas y funcionarios públicos tendrán los mismos derechos que todos los demás que trabajan;

El trabajo de los niños, el trabajo por reclusión en las minas, el sistema de pago con una medida de vino y el trabajo por contrato, serán abolidos.

¡Se abrirán las puertas del saber y la cultura!

El gobierno descubrirá, desarrollará y estimulará el talento nacional para el realce de nuestra vida cultural;

El acervo cultural de la humanidad se pondrá al alcance de todos mediante el libre intercambio de libros e ideas y el contacto con otras naciones;

La educación tendrá por objeto enseñar a los jóvenes a amar a su pueblo y su cultura y honrar la fraternidad, la libertad y la paz humanas;

La enseñanza será gratuita, obligatoria, universal e igual para todos los niños;

La enseñanza superior y la capacitación técnica se harán asequibles a todos mediante la concesión de asignaciones estatales y becas atendiendo a los méritos individuales;

Se erradicará el analfabetismo de los adultos mediante un vasto plan estatal de educación;

Los maestros gozarán de los mismos derechos que los demás ciudadanos;

Se abolirán las barreras por motivo de color en la vida cultural, en los deportes y en la enseñanza.

¡Habrá viviendas, seguridad y bienestar!

Todas las personas tendrán derecho a vivir donde deseen, a disponer de una vivienda digna y a mantener a sus familias en condiciones de bienestar y seguridad;

Se pondrán a disposición de la población las viviendas no ocupadas;

Los alquileres y los precios se reducirán, los alimentos serán abundantes y nadie padecerá hambre;

El estado administrará un plan de salud pública de carácter preventivo;

Se proporcionará a todas las personas asistencia médica y hospitalaria gratuita prestando especial atención a las madres y a los niños pequeños;

Se demolerán los barrios de tugurios y se construirán nuevos suburbios dotados de transportes, carreteras, alumbrado, campos de juego, guarderías y centros sociales para todos;

El estado se hará cargo de la asistencia a los ancianos, los huérfanos, los incapacitados y los enfermos;

Todas las personas tendrán derecho al descanso, el ocio y el esparcimiento;

Se abolirán los poblados cercados y los ghettos, así como las leyes que contribuyan a separar a las familias;

Sudáfrica será un estado plenamente independiente que respetará los derechos y la soberanía de todas las naciones.

¡Reinarán la paz y la amistad!

Sudáfrica se esforzará por mantener la paz mundial y por solucionar todas las controversias internacionales mediante la negociación y no mediante la guerra;

Se asegurará la paz y la amistad entre todo nuestro pueblo defendiendo la igualdad de derechos, oportunidades y condición de todos;

El pueblo de los protectorados —Basutolandia, Bechuanalandia y Swazilandia— será libre de decidir su propio futuro;

Se reconocerá el derecho de todos los pueblos de África a la independencia y al autogobierno, derecho que servirá de base para una estrecha cooperación;

Que todos los que aman a su pueblo y a su país digan con nosotros:

"**Hombro con hombro lucharemos por estas libertades toda nuestra vida hasta ganar nuestra libertad**".

NOTAS

1. El sistema conocido popularmente con el nombre de *Jim Crow* fue un sistema de separación racial, codificado en leyes, que rigió en el sur de Estados Unidos afectando todos los ámbitos de la vida social y política: el trabajo, la vivienda, la educación, las fuerzas armadas, las cortes, el derecho de votar, etcétera. Fue aplastado en los años cincuenta y sesenta por el movimiento por los derechos civiles, encabezado por el pueblo afronorteamericano.

2. La Confederación era el grupo de once estados esclavistas en el sur de Estados Unidos que, al rebelarse en defensa del sistema de esclavitud, provocó la Guerra Civil de 1861 a 1865.

3. El período desde 1867 a 1877 posterior a la Guerra Civil de Estados Unidos.

4. Selma, Alabama, fue el escenario en 1965 de una de las principales batallas del movimiento por los derechos de los afronorteamericanos.

5. V.I. Lenin, *Obras completas* (Madrid: Akal Editor, 1977), tomo 23, p. 103.

6. Ibid., p. 111.

7. El texto íntegro de la Carta de la Libertad apareció en el número del 23 de septiembre de 1985 de *Perspectiva Mundial*.

8. Nelson Mandela, *The Struggle Is My Life* (Londres: International Defence and Aid Fund for South Africa, 1978), p. 55.

9. Lenin, *Obras completas*, tomo 9, p. 47.

10. Ibid., p. 24.

11. *We Shall Overcome* es una conocida canción del movimiento por los derechos civiles en Estados Unidos. *Freedom Now* era una consigna de este movimiento.

12. Una versión en español de este artículo apareció en la edición de octubre–noviembre de 1985 de la revista *Inprecor*, publicada en Madrid.

La lucha de liberación africana

¡Qué lejos hemos llegado los esclavos!
SUDÁFRICA Y CUBA EN EL MUNDO DE HOY
Nelson Mandela, Fidel Castro
Al hablar juntos en Cuba en 1991, Mandela y Castro abordan la relación y ejemplo singulares de las luchas de los pueblos sudafricano y cubano. US$10. También en inglés.

Somos herederos de las revoluciones del mundo
DISCURSOS DE LA REVOLUCIÓN DE BURKINA FASO, 1983–87
Thomas Sankara
El colonialismo y la dominación imperialista han dejado un legado de hambre, analfabetismo y atraso económico en África. En 1983, los campesinos y trabajadores de Burkina Faso establecieron un gobierno popular revolucionario y comenzaron a combatir las causas de tal devastación. Thomas Sankara, quien dirigió esa lucha, explica el ejemplo sentado para África y el mundo. US$10. También en inglés y francés.

Junto a Che Guevara
Entrevistas a Harry Villegas (Pombo)
Villegas trabajó y luchó junto a Che Guevara por una década, en Cuba, el Congo y Bolivia. General de brigada en las Fuerzas Armadas Revolucionarias de Cuba, él habla aquí de las luchas en que ha participado por más de cuatro décadas, entre ellas la derrota del ejército del apartheid sudafricano en Cuito Cuanavale en 1988 en Angola. US$5. También en inglés.

La emancipación de la mujer y la lucha africana por la libertad
Thomas Sankara
"No existe una verdadera revolución social si la mujer no es libre", sostiene Sankara, dirigente de la revolución de 1983–87 en Burkina Faso. US$8. También en inglés y francés.

Malcolm X habla a la juventud
Cuatro charlas y una entrevista ofrecidas a jóvenes en Ghana, el Reino Unido y Estados Unidos en los últimos meses de su vida. Aborda la intervención imperialista en el Congo y Vietnam, por qué dejó de utilizar la descripción "nacionalismo negro" y más. Culmina con tributos ofrecidos por un joven dirigente socialista a este gran revolucionario. US$15. También en inglés.

Nelson Mandela: Intensifiquemos la lucha
Discursos que dio Mandela en Sudáfrica, Angola e Inglaterra, tras su excarcelación en 1990, en los que describe la batalla que puso fin al apartheid y dio paso a la lucha por una profunda transformación social y política de Sudáfrica. US$15. También en inglés.

www.pathfinderpress.com

La Revolución Cubana y la

Soldado de la Revolución Cubana
DE LOS CAÑAVERALES DE ORIENTE A GENERAL DE LAS FUERZAS ARMADAS REVOLUCIONARIAS
Luis Alfonso Zayas
El autor, general del ejército cubano, narra sus experiencias durante cinco décadas de la revolución. Desde sus años de combatiente adolescente en la lucha clandestina y la guerra en 1956–58 que tumbó a la dictadura apoyada por Washington, hasta las tres misiones en que se desempeñó como dirigente de las fuerzas voluntarias cubanas que ayudaron a Angola a derrotar una invasión del ejército de la Sudáfrica supremacista blanca, Zayas relata cómo él y otros hombres y mujeres comunes y corrientes en Cuba transformaron el curso de la historia y así se transformaron ellos mismos. US$18. También en inglés.

De la sierra del Escambray al Congo
EN LA VORÁGINE DE LA REVOLUCIÓN CUBANA
Víctor Dreke
El autor describe lo fácil que resultó, tras la victoria de la Revolución Cubana, quitar una soga que segregaba a negros de blancos en la plaza de un pueblo, pero lo enorme que resultó la batalla para transformar las relaciones sociales que subyacían todas esas "sogas" heredadas del capitalismo y de la dominación yanqui. Dreke, segundo al mando de la columna internacionalista en el Congo dirigida por Che Guevara en 1965, describe el gozo creador con que el pueblo trabajador ha defendido su trayectoria revolucionaria: desde la sierra del Escambray hasta África y más allá. US$17. También en inglés.

Renewal or Death
(Renovación o muerte)
Fidel Castro
"Para realmente establecer la completa igualdad requiere más que declararlo una ley", dijo Fidel Castro a los delegados del congreso del Partido Comunista de Cuba en 1986, señalando a las enormes conquistas de la revolución en la lucha contra el racismo antinegro. "No podemos dejarlo al destino que corrija estas injusticias históricas", dijo. "Debemos enderezar lo que la historia ha retorcido". En el número 6 de *New International*. En inglés. US$16

política mundial

Nuestra historia aún se está escribiendo
LA HISTORIA DE TRES GENERALES CUBANO-CHINOS EN LA REVOLUCIÓN CUBANA

Armando Choy, Gustavo Chui y Moisés Sío Wong hablan sobre el papel histórico de la inmigración china a Cuba, y sobre más de cinco décadas de acción revolucionaria e internacionalismo, desde Cuba hasta Angola, Nicaragua y hoy Venezuela. A través de sus historias vemos las fuerzas sociales y políticas que dieron origen a la nación cubana y que abrieron las puertas a la revolución socialista en América. Vemos cómo millones de hombres y mujeres sencillos como ellos cambiaron el curso de la historia, convirtiéndose en este proceso en seres humanos diferentes. US$20. También en inglés y chino.

Che Guevara habla a la juventud
El dirigente argentino desafía a los jóvenes de Cuba y del mundo a que trabajen y se vuelvan disciplinados. A que se sumen a las filas delanteras de las luchas, sean grandes o pequeñas. A que se politicen y que politicen el trabajo de sus organizaciones. A que se conviertan en un tipo de ser humano diferente, conforme aúnen esfuerzos con trabajadores en todas partes para transformar el mundo. Ocho charlas ofrecidas entre 1959 y 1964. US$15. También en inglés.

To Speak the Truth
WHY WASHINGTON'S 'COLD WAR' AGAINST CUBA DOESN'T END
(Hay que decir la verdad: Por qué no cesa la 'Guerra Fría' de Washington contra Cuba)
Fidel Castro, Ernesto Che Guevara
"En el próximo año, nuestro pueblo se propone librar la gran batalla contra el analfabetismo, con la meta ambiciosa de enseñar a leer y escribir hasta el último analfabeto", dijo Fidel Castro ante la Asamblea General de la ONU en septiembre de 1960. Un año después, la meta se había cumplido. En discursos históricos ante asambleas de la ONU, dos dirigentes de la revolución socialista presentan los logros políticos de Cuba y su trayectoria internacionalista. Explican por qué Washington detesta tanto el ejemplo de Cuba y por qué fracasará en sus intentos de destruir la revolución. En inglés. US$18

www.pathfinderpress.com

De la dictadura del capital...

El Manifiesto Comunista
Carlos Marx, Federico Engels

El documento de fundación del movimiento obrero revolucionario moderno, publicado en 1848. Explica por qué el comunismo no es un conjunto de principios preconcebidos sino la línea de marcha de la clase trabajadora hacia el poder, que emana de "las condiciones reales de una lucha de clases existente, de un movimiento histórico que se está desarrollando ante nuestros ojos". US$5. También en inglés, francés y árabe.

La guerra civil en Francia
Carlos Marx

"Traza la importancia histórica de la Comuna de París con plumazos cortos pero poderosos, y a la vez con una mordacidad y sobre todo tanta verdad como nunca jamás se ha visto de nuevo en toda la masa de literatura escrita sobre este tema," dijo Engels sobre esta obra, escrita por Marx para la Asociación Internacional de los Trabajadores sobre el gobierno formado por una sublevación de los trabajadores parisinos en 1871. US$7.95

El estado y la revolución
V.I. Lenin

"La cuestión de la actitud de la revolución socialista del proletariado ante el estado adquiere no solo una importancia política práctica", escribió V.I. Lenin en el prefacio a este librito, terminado pocos meses antes de la Revolución Rusa de octubre de 1917. También plantea "la importancia más candente y actual como cuestión de explicar a las masas lo que deberán hacer para liberarse, en un porvenir inmediato, del yugo del capital". En *Obras escogidas de Lenin*. US$14.95

www.pathfinderpress.com

...a la dictadura del proletariado

Su Trotsky y el nuestro
Jack Barnes

Para dirigir a la clase trabajadora en una revolución exitosa, se necesita un partido revolucionario de masas cuyos cuadros han asimilado con mucha antelación un programa comunista mundial, son proletarios en su vida y su trabajo, derivan una satisfacción profunda de la actividad política y han forjado una dirección con un agudo sentido de lo próximo que hay que hacer. Este libro trata sobre la construcción de tal partido. US$15. También en inglés y francés.

The History of the Russian Revolution
(HISTORIA DE LA REVOLUCIÓN RUSA)
León Trotsky

El recuento clásico de la dinámica social, económica y política de la primera revolución socialista, narrada por uno de sus dirigentes centrales. Trotsky describe cómo, bajo el liderazgo de Lenin, el Partido Bolchevique dirigió al pueblo trabajador y las nacionalidades oprimidas a derrocar al régimen de latifundistas y capitalistas y llevar al poder a un gobierno de trabajadores y campesinos. Este gobierno sentó un ejemplo para las masas trabajadoras de todo el mundo. Edición completa en inglés, tres tomos en uno. US$38. También en ruso.

Transitional Program for Socialist Revolution
(PROGRAMA DE TRANSICIÓN PARA LA REVOLUCIÓN SOCIALISTA)
León Trotsky

Recoge las conversaciones entre los dirigentes del Partido Socialista de los Trabajadores en Estados Unidos y el revolucionario exiliado León Trotsky en 1938. El producto de esas discusiones —un programa de reivindicaciones de transición, democráticas e inmediatas— fue aprobado por el PST ese año. Este programa para la revolución socialista sigue siendo un elemento irremplazable de una guía de lucha para los trabajadores comunistas hoy. En inglés. US$20

Nueva Internacional
UNA REVISTA DE POLÍTICA Y TEORÍA MARXISTAS

NUEVA INTERNACIONAL Nº. 6
HA COMENZADO EL INVIERNO LARGO Y CALIENTE DEL CAPITALISMO
Jack Barnes
Y "SU TRANSFORMACIÓN Y LA NUESTRA", RESOLUCIÓN DEL PARTIDO SOCIALISTA DE LOS TRABAJADORES

Los conflictos interimperialistas actuales —cada vez más agudos— los alimentan no solo las primeras etapas de lo que serán décadas de convulsiones económicas, financieras y sociales, y batallas de clases, sino también el cambio más amplio en la política y organización militar realizado por Washington desde que se fortaleció rumbo a la Segunda Guerra Mundial. Los trabajadores de disposición de lucha de clases debemos encarar esta histórica coyuntura del imperialismo, y derivar satisfacción y gozo de ponernos "en su cara" conforme trazamos un curso revolucionario para afrontarla. US$16

NUEVA INTERNACIONAL Nº. 8
REVOLUCIÓN, INTERNACIONALISMO Y SOCIALISMO: EL ÚLTIMO AÑO DE MALCOLM X
Jack Barnes

"Comprender el último año de Malcolm es ver cómo, en la época imperialista, una dirección revolucionaria de la más alta capacidad política, valentía e integridad converge con el comunismo. Esa verdad tiene un peso aún mayor en la actualidad, en tanto la violenta expansión del capitalismo mundial arroja a miles de millones de personas por todo el mundo, en las ciudades y el campo, desde China hasta Brasil, a la lucha de clases moderna".—Jack Barnes

El número 8 incluye "El legado antiobrero de los Clinton: Raíces de la crisis financiera mundial de 2008"; "La custodia de la naturaleza también recae en la clase trabajadora: En defensa de la tierra y del trabajo" y "Para dejar claro el historial sobre el fascismo y la Segunda Guerra Mundial". US$14

Obtenga de WWW.PATHFINDERPRESS.COM

NUEVA INTERNACIONAL N⁰. 7
NUESTRA POLÍTICA EMPIEZA CON EL MUNDO
Jack Barnes

Las enormes desigualdades existentes entre los países imperialistas y los semicoloniales, y entre las clases dentro de casi todos los países, son producidas, reproducidas y acentuadas por el funcionamiento del capitalismo. Para que los trabajadores de vanguardia forjemos partidos capaces de dirigir una exitosa lucha revolucionaria por el poder en nuestros propios países, dice Jack Barnes, nuestra actividad debe guiarse por una estrategia para cerrar esta brecha. El número 7 incluye "La agricultura, la ciencia y las clases trabajadoras" *por Steve Clark* y "Capitalismo, trabajo y naturaleza: Un intercambio" *por Richard Levins, Steve Clark*. US$14

NUEVA INTERNACIONAL N⁰. 5
EL IMPERIALISMO NORTEAMERICANO HA PERDIDO LA GUERRA FRÍA
Jack Barnes

Al contrario de las esperanzas imperialistas al comenzar los años 90, en la secuela del colapso de regímenes en toda Europa oriental y la Unión Soviética que se reclamaban comunistas, los trabajadores y agricultores no han sido aplastados. Tampoco se han estabilizado las relaciones sociales capitalistas. El pueblo trabajador sigue siendo un obstáculo tenaz al avance del imperialismo, obstáculo que los explotadores tendrán que enfrentar en batallas de clases y en guerras. US$15

NUEVA INTERNACIONAL N⁰. 2
CHE GUEVARA, CUBA Y EL CAMINO AL SOCIALISMO
Artículos por Ernesto Che Guevara, Carlos Rafael Rodríguez, Carlos Tablada, Mary-Alice Waters, Steve Clark, Jack Barnes

Intercambios de los primeros años de la Revolución Cubana y actuales sobre las perspectivas políticas que Che Guevara reivindicó al ayudar a dirigir al pueblo trabajador a impulsar la transformación de las relaciones económicas y sociales en Cuba. US$14

NUEVA INTERNACIONAL N⁰. 1
LOS CAÑONAZOS INICIALES DE LA TERCERA GUERRA MUNDIAL: EL ATAQUE DE WASHINGTON CONTRA IRAQ
Jack Barnes

El ataque asesino de 1990–91 por el gobierno norteamericano contra Iraq anunció conflictos cada vez más agudos entre las potencias imperialistas, el ascenso de fuerzas derechistas y fascistas, la creciente inestabilidad del capitalismo internacional y más guerras. Incluye: "1945: Cuando las tropas norteamericanas dijeron 'No'" *por Mary-Alice Waters* y "Lecciones de la guerra Irán-Iraq" *por Samad Sharif.* US$16

La construcción de un
PARTIDO PROLETARIO

El rostro cambiante de la política en Estados Unidos
La política obrera y los sindicatos
JACK BARNES

Sobre la construcción del tipo de partido que los trabajadores necesitan para prepararse para las batallas de clases que vienen, a través de las cuales se revolucionarán a sí mismos, revolucionarán sus sindicatos y toda la sociedad. Es una guía para quienes buscan el camino hacia la acción eficaz para derrocar el sistema explotador capitalista y unirse a la lucha para reconstruir el mundo sobre bases nuevas y socialistas. US$24. También en inglés, francés y sueco.

Revolutionary Continuity
(Continuidad revolucionaria: Liderazgo marxista en Estados Unidos)
FARRELL DOBBS

Cómo generaciones sucesivas de luchadores proletarios participaron en las luchas del movimiento obrero estadounidense para forjar una dirección que pudiera impulsar los intereses de clase de los trabajadores y pequeños agricultores y aliarse a trabajadores en el resto del mundo. Dos tomos en inglés:
The Early Years, 1848–1917 (Los primeros años, 1848–1917) US$20
Birth of the Communist Movement, 1918–1922
(El nacimiento del movimiento comunista, 1918–1922) US$19

La historia del trotskismo americano, 1928–38
Informe de un partícipe
JAMES P. CANNON

"El trotskismo no es un nuevo movimiento, una nueva doctrina", dice Cannon, "sino la restauración, el renacimiento del marxismo genuino tal como se expuso y se practicó en la Revolución Rusa y en los primeros días de la Internacional Comunista". En 12 charlas ofrecidas en 1942, James P. Cannon recuenta un período decisivo en los esfuerzos por construir un partido proletario en Estados Unidos. US$22. También en inglés y francés.

¿Qué hacer?
V.I. LENIN

La decisiva importancia de crear una organización disciplinada de revolucionarios proletarios capaces de actuar como "el tribuno popular, que sabe reaccionar ante toda manifestación de arbitrariedad y de opresión, dondequiera que se produzca, para explicar a todos y cada uno la importancia histórica universal de la lucha emancipadora del proletariado". Escrito en 1902. En *Obras escogidas*. Un tomo. US$14.95

En defensa del marxismo
Contra la oposición pequeñoburguesa en el Partido Socialista de los Trabajadores
LEÓN TROTSKY

Al escribir en 1939–40, Trotsky responde a elementos dentro del movimiento obrero revolucionario que se replegaban de la defensa de la Unión Soviética ante el ataque imperialista que se cernía. Explica por qué solo un partido que luche por integrar a números crecientes de trabajadores a sus filas y a su dirección puede mantener un firme curso revolucionario. US$25. También en inglés.

La lucha por un partido proletario
JAMES P. CANNON

"Los trabajadores de Estados Unidos tienen fuerza suficiente para tumbar la estructura del capitalismo aquí en este país y para levantar con ellos al mundo entero cuando se yergan". Folleto de la serie Educación para Socialistas. US$12. También en inglés.

Wall Street enjuicia al socialismo
JAMES P. CANNON

Las ideas básicas del socialismo, explicadas en el testimonio durante el juicio de 1941 contra 18 dirigentes del sindicato de los Teamsters en Minneapolis y del Partido Socialista de los Trabajadores, a quienes les fabricaron cargos y pusieron en prisión bajo la notoria Ley Smith "de la mordaza", durante la Segunda Guerra Mundial. US$16. También en inglés.

www.pathfinderpress.com

También de PATHFINDER

La clase trabajadora y la transformación de la educación
El fraude de la reforma educativa bajo el capitalismo
JACK BARNES

"Hasta que la sociedad se reorganice para que la educación sea una actividad humana desde que aún somos muy jóvenes hasta el momento en que morimos, no habrá una educación digna de la humanidad creadora y trabajadora". US$3. También en inglés, francés, islandés, sueco, persa y griego.

El desorden mundial del capitalismo
Política obrera al milenio
JACK BARNES

La devastación social y pánicos financieros, la creciente aspereza de la política, la brutalidad policiaca y los actos de agresión imperialista que se aceleran a nuestro alrededor: todos ellos son producto no de algo que ha funcionado mal con el capitalismo, sino de sus fuerzas reglamentadas. Sin embargo, el futuro se puede cambiar con la lucha unida y la acción desinteresada de trabajadores y agricultores que estén conscientes de su capacidad. US$25. También en inglés y francés.

El capitalismo y la transformación de África
Reportajes desde Guinea Ecuatorial
MARY-ALICE WATERS, MARTÍN KOPPEL

Un recuento de la transformación de la producción y de las relaciones de clases en este país de África Central, al verse incorporado más y más profundamente al mercado mundial y a medida que nace tanto una clase capitalista como un proletariado moderno. El ejemplo de la revolución socialista cubana también cobra vida aquí en la colaboración de brigadas de voluntarios médicos cubanos que ayudan a transformar las condiciones sociales. Se pueden ver, entretejidos, los perfiles de un futuro por el cual luchar hoy: un futuro en el cual los trabajadores y agricultores de África ejercerán un mayor peso que nunca en la política mundial. US$10. También en inglés.

La última lucha de Lenin
Discursos y escritos, 1922–23
V.I. LENIN

En 1922 y 1923, V.I. Lenin, dirigente central de la primera revolución socialista en el mundo, libró lo que sería su última batalla política. Lo que estaba en juego era si esa revolución continuaría por el curso proletario que llevó al poder a los trabajadores y campesinos del antiguo imperio zarista en octubre de 1917, y sentó las bases para un movimiento revolucionario verdaderamente mundial del pueblo trabajador que se organizaba para emular el ejemplo de los bolcheviques.

La última lucha de Lenin recoge, por primera vez, los discursos, artículos y cartas a través de los cuales Lenin libró esta batalla política. Muchos fueron suprimidos durante décadas, y algunos eran hasta ahora inéditos en español. US$20. También en inglés.

Problems of Women's Liberation
(Problemas de la liberación de la mujer)
EVELYN REED

En seis artículos se explora las raíces económicas y sociales de la opresión de la mujer desde la sociedad prehistórica hasta el capitalismo moderno y apunta el camino hacia la emancipación. En inglés. US$15

La revolución granadina, 1979–83
Discursos por Maurice Bishop y Fidel Castro

El triunfo en 1979 de la revolución en la isla caribeña de Granada tuvo "importancia para todas las luchas alrededor del mundo", dijo Bishop, su dirigente central. Valiosas lecciones del gobierno de trabajadores y agricultores derrocado en 1983 en un golpe de estado estalinista. Contiene discurso de Fidel Castro ante más de un millón de personas en La Habana tras la invasión norteamericana que siguió al derrocamiento de la revolución. US$10

The Jewish Question
A Marxist Interpretation
(La cuestión judía: Una interpretación marxista)
ABRAM LEON

Busca el origen de las justificaciones históricas del antisemitismo en el hecho de que los judíos, antes del ascenso del capitalismo industrial, fueron obligados a ser un "pueblo-clase" de comerciantes y prestamistas. Explica por qué hoy los gobernantes adinerados incitan de nuevo al antisemitismo. En inglés. US$22

www.pathfinderpress.com

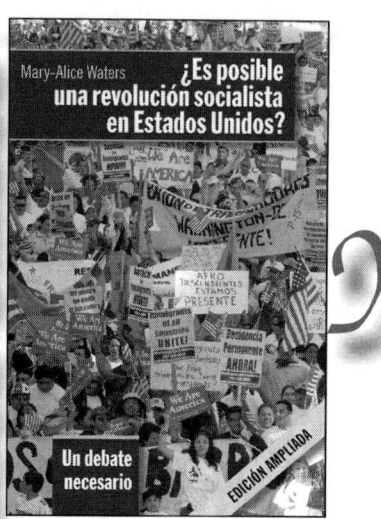

¿Es posible una revolución socialista en Estados Unidos?
Un debate necesario
MARY-ALICE WATERS
En dos charlas, presentadas en el marco de un amplio debate en la Feria Internacional del Libro de Venezuela en 2007 y 2008, Waters explica por qué una revolución socialista es posible en Estados Unidos. Explica por qué las luchas revolucionarias del pueblo trabajador son inevitables: nos las impondrán los ataques de la clase patronal —impulsados por las crisis—. Al ir creciendo la solidaridad entre una vanguardia combativa del pueblo trabajador, se divisan ya los contornos de batallas de clases por venir. US$7. También en inglés, francés y sueco.

Cuba y la revolución norteamericana que viene
JACK BARNES
La Revolución Cubana tuvo un impacto a nivel mundial, incluso entre el pueblo trabajador y la juventud en el corazón imperialista. Conforme en Estados Unidos avanzaba la masiva lucha de base proletaria por los derechos de los negros, la transformación social por la cual combatieron y que ganaron las masas trabajadoras cubanas sentó un ejemplo: de que la revolución socialista no solo es necesaria, se puede hacer y defender. Esta segunda edición, con un nuevo prólogo de Mary-Alice Waters, debe leerse junto con *¿Es posible una revolución socialista en Estados Unidos?* US$10. También en inglés y francés.

—————————— www.pathfinderpress.com